DK

EYEWITNESS TRAVEL GUIDES

POLISH
PHRASE BOOK

D1514363

Compiled by Lexus Ltd with Danusia Stok

First published in Great Britain in 1998
by Dorling Kindersley Limited
80 Strand, London WC2R 0RL

Reprinted with corrections 2000, 2003

A CIP catalogue record is available from
the British Library.

ISBN 978-0-7513-2047-3

Printed and bound in China

A WORLD OF IDEAS:
SEE ALL THERE IS TO KNOW

www.dk.com

Picture credits
Front jacket (bottom left) Carlsberg Odocim Brewery

CONTENTS

PREFACE

This *Dorling Kindersley Eyewitness Travel Guides Phrase Book* has been compiled by experts to meet the general needs of tourists and business travellers. Arranged under headings such as Hotels, Driving and so forth, the ample selection of useful words and phrases is supported by a 1,800-line mini-dictionary. There is also an extensive menu guide listing approximately 500 dishes or methods of cooking and presentation.

Typical replies to questions you may ask during your journey, and the signs or instructions you may see or hear, are shown in tinted boxes. In the main text, the pronunciation of Polish words and phrases is imitated in English sound syllables. The Introduction gives basic guidelines to Polish pronunciation.

Dorling Kindersley Eyewitness Travel Guides are recognized as the world's best travel guides. Each title features specially commissioned colour photographs, cutaways of major buildings, 3-D aerial views and detailed maps, plus information on sights, events, hotels, restaurants, shopping and entertainment.

Dorling Kindersley Eyewitness Travel Guides titles include:
Warsaw • Amsterdam • Australia • Sydney • Berlin • Budapest
California • Florida • Hawaii • New York • San Francisco & Northern
California • Canada • France • Loire Valley Paris • Provence
Great Britain • London • Ireland • Dublin • Scotland
Greece: Athens & the Mainland • The Greek Islands • Istanbul
Italy • Florence & Tuscany • Milan & the Lakes • Naples • Rome
Sardinia • Sicily • Venice & the Veneto • Jerusalem & the Holy Land
Mexico • Moscow • St Petersburg • Portugal • Lisbon • Prague
South Africa Spain • Barcelona • Madrid • Seville & Andalusia
Thailand • Vienna

INTRODUCTION

PRONUNCIATION

When reading the imitated pronunciation, stress the part that is underlined. Pronounce each syllable as if it formed part of an English word, and you will be understood sufficiently well. Remember the points below, and your pronunciation will be even closer to correct Polish:

a	as in 'assist'
AWN	a nasal sound as in 'sawn' but with the 'n' barely sounded, or like 'An' in the French 'Anjou'
ay	as in 'pay'
e, eh	'e' as in 'bed'
EN	as the 'en' in 'end' but a nasal sound and barely sounded
g	always hard as in 'get'
H	as the 'ch' in the Scottish word 'loch'
I	as the 'i' sound in 'wine'
J	as the 's' sound in 'leisure'
o	as in 'lot'
u	as in 'luck'
wuh	as the 'w' in 'well' but barely sounded
y	always as in 'yes' (apart from *ay* above)
yuh	as the 'y' in 'yes' but barely sounded

SUMMARY OF SPECIAL CHARACTERISTICS IN POLISH

ą	a nasal 'awn' sound as in 'sawn' or 'an' as in the French 'Anjou' but barely sounded
c	'ts' as in 'cats'
ć, cz	'ch' as in 'challenge'
ch	'ch' as in Scottish 'loch'
dz	'j' as in 'jeans' when followed by i or e but otherwise 'dz' as in 'adze'
dź	'j' as in 'jeans'
dż	'd' as in 'dog' followed by 's' as in 'leisure'
ę	similar to 'en' in 'end' only nasal and barely sounded but, if at the end of the word, pronounced 'e' as in 'bed'
h	'ch' as in Scottish 'loch'
i	'ee' as in 'teeth'
j	'y' as in 'yes'
ł	'w' as in 'window'
ń	similar to the 'ni' in 'companion'
ó	'oo' as in 'soot'
rz	similar to the 's' in 'leisure' or, when it follows p, t or k, 'sh' as in 'shut'
ś, sz	'sh' as in 'shut'
y	similar to the 'i' in 'bit'
ź, ż	similar to the 's' in 'leisure'

Note also the following:

i in the middle of a word following c, dz, n, s or z softens these sounds and remains silent:

ci	'ch' as in 'cheap'
dzi	'j' as in 'jeans'
ni	'n-yuh' sound as the 'ni' in 'companion'
si	'sh' as in 'show'
zi	's' as in 'leisure'

i at the end of a word following **c**, **dz**, **n**, **s** or **z** softens the preceding sound but is also pronounced:

ci	'chee' as in 'cheese'
dzi	'jee' as in 'jeep'
ni	'n-yee' as the 'ni' in 'companion' plus 'ee', the 'y' sound being barely perceptible
si	'shee' as in 'sheet'
zi	's' as in 'leisure' plus 'ee'

In Polish the penultimate (last but one) syllable is generally stressed.

The alternatives indicated by (*man*) and (*woman*) in the phrases show the forms to be used by a male or female speaker.

POLITE FORMS OF ADDRESS

Polite forms of address are commonly used in Polish and it is wise to use the appropriate form to avoid appearing impolite. In the phrases, the alternatives shown by (*to a man*) and (*to a woman*) indicate the forms to be used. A man is addressed as **pan**, 'Mr' or 'sir', a woman as **pani**, 'madam' or 'Ms'. When addressing more than one person, **panowie** (*panov-yeh*) is used for men, **panie** (*pan-yeh*) for women and **państwo** (*pan-yuhstvo*) for men and women together.

The familiar forms for 'you', **ty** (*singular*) and **wy** (*plural*), can be used among friends and when speaking to young people.

USEFUL EVERYDAY PHRASES

Yes/No
Tak/nie
tak/n-yeh

Thank you
Dziękuję
jENkoo-yeh

No, thank you
Nie, dziękuję
n-yeh jENkoo-yeh

Please
Proszę
prosheh

I don't understand
Nie rozumiem
n-yeh rozoom-yem

Do you speak English/French/German?
Czy mówi pan (*to a man*)/pani (*to a woman*) po angielsku/
  francusku/niemiecku?
chi moovee pan/panee po ang-yelskoo/frantsooskoo/n-yem-yetskoo

I can't speak Polish
Nie mówię po polsku
n-yeh moov-yeh po polskoo

I don't know
Nie wiem
n-yeh v-yem

Please speak more slowly
Proszę mówić wolniej
prosheh mooveech voln-yay

Please write it down for me
Proszę mi to napisać
prosheh mee to napeesach

My name is …
Nazywam się …
nazivam sheh

Pleased to meet you
Bardzo mi miło pana (*to a man*)/panią (*to a woman*) poznać
bardzo mee meewo pana/pan-yAWN poznach

Good morning/afternoon
Dzień dobry
jen-yuh dobri

Good evening
Dobry wieczór
dobri v-yechoor

Good night
Dobranoc
dobranots

Goodbye
Do widzenia
do veedzen-ya

How are you?
Jak się pan (*to a man*)/pani (*to a woman*) miewa?
yak sheh pan/panee m-yeva

USEFUL EVERYDAY PHRASES

Very well, thank you
Dziękuję, dobrze
jENkoo-yeh dobjeh

Excuse me, please
Przepraszam
psheprasham

Sorry!
Przepraszam!
psheprasham

I'm really sorry
Bardzo mi przykro
bardzo mee pshikro

Can you help me?
Czy mógłby pan (*to a man*)/mogłaby pani (*to a woman*) mi pomóc?
chi moogwuhbi pan/mogwabi panee mee pomoots

Can you tell me …?
Czy mógłby pan (*to a man*)/mogłaby pani (*to a woman*) mi
  powiedzieć …?
chi moogwuhbi pan/mogwabi panee mee pov-yejech

Can I have …?
Poproszę …?
poprosheh

I would like …
Chciałbym (*man*)/Chciałabym (*woman*) …
Hchawuhbim/Hchawabim

Is there … here?
Czy jest tu …?
chi yest too

Where can I get …?
Gdzie mogę dostać …?
gjeh mogeh dostach

How much is it?
Ile kosztuje?
eeleh koshtoo-yeh

What time is it?
Która jest godzina?
ktoora yest gojeena

I must go now
Muszę już iść
moosheh yooj eesh-ch

I've lost my way
Zgubiłem (*man*)/zgubiłam (*woman*) się
zgoobeewem/zgoobeewam sheh

Cheers!
Na zdrowie!
na zdrov-yeh

Do you take credit cards?
Czy przyjmuje pan (*to a man*)/pani (*to a woman*) karty kredytowe?
chi pshi-yuhmoo-yeh pan/panee karti kreditoveh

Where is the toilet?
Gdzie jest toaleta?
gjeh yest to-aleta

Go away!
Proszę odejść!
prosheh odaysh-ch

I've lost my passport/money/traveller's cheques/credit cards
Zgubiłem (*man*)/zgubiłam (*woman*) paszport/pieniądze/czeki
 podróżne/karty kredytowe
*zgoobeewuhem/zgoobeewuham pashport/p-yenyAWNje/tshekee
 podroojne/karti kreditowe*

Where is the British/US embassy?
Gdzie jest brytyjska/amerykańska ambasada?
gjeh yest britiyska/amerikan-yska ambasada

Is there wheelchair access?
Czy jest tam dostęp dla wózków inwalidzkich?
chi yest tam dostehp dla voozkoov eenva-leejkeeH

Are guide dogs allowed?
Czy psy przewodnicy są dozwolone?
chi psi pshewodneeci sAWN dozwolone

THINGS YOU'LL HEAR

Chwileczkę	One moment
Co słychać?	How are you?
Wszystko w porządku, dziękuję	Very well, thank you
– a co u pana/pani?	– and you?
Do zobaczenia	See you later
Naprawdę?	Is that so?
Nie ma	We haven't got any
Nie rozumiem	I don't understand
Proszę	Here you are, Please
Proszę bardzo	You're welcome
Słucham?	Pardon?
Tak jest	That's right
Uwaga!	Look out!
Wspaniale!	Excellent!

THINGS YOU'LL SEE

bilety wyprzedane	tickets sold out
ciągnąć	pull
ciepła	hot
cisza	silence
dla pań	women
dla panów	men
godziny odwiedzin	visiting hours
godziny urzędowania	office hours
kasa	cashier, cash desk
mieszkanie do wynajęcia	flat for rent
na sprzedaż	for sale
otwarte	open
pchnąć	push
proszę wejść	come straight in
remont	closed for renovation
świeżo malowane	wet paint
toalety	toilets
uwaga zły pies	beware of the dog
wejście	way in, entrance
woda zdatna do picia	drinking water
wolny pokój	vacancy
wstęp wolny	admission free
wstęp wzbroniony	no entry
wyjście	way out, exit
wyjście bezpieczeństwa	emergency exit
wyprzedaż	sale
wzbroniony	forbidden
zamknięte	closed
zamknięte na ferie	closed for holidays
zapasowe	emergency exit
zimna	cold

DAYS, MONTHS, SEASONS

Sunday	niedziela	*n-yejela*
Monday	poniedziałek	*pon-yejawek*
Tuesday	wtorek	*vtorek*
Wednesday	środa	*shroda*
Thursday	czwartek	*chvartek*
Friday	piątek	*p-yawntek*
Saturday	sobota	*sobota*
January	styczeń	*stichen-yuh*
February	luty	*looti*
March	marzec	*majets*
April	kwiecień	*kv-yechen-yuh*
May	maj	*mɪ*
June	czerwiec	*cherv-yets*
July	lipiec	*leep-yets*
August	sierpień	*sherp-yen-yuh*
September	wrzesień	*vjeshen-yuh*
October	październik	*paj-jerneek*
November	listopad	*leestopad*
December	grudzień	*groojen-yuh*
Spring	wiosna	*v-yosna*
Summer	lato	*lato*
Autumn	jesień	*yeshen-yuh*
Winter	zima	*jeema*
Christmas	Boże Narodzenie	*boje narodzen-yeh*
Christmas Eve	Wigilia	*veegeel-ya*
New Year	Nowy Rok	*novi rok*
New Year's Eve	Sylwester	*silvester*
Easter	Wielkanoc	*v-yelkanots*

NUMBERS

0 zero *zero*
1 jeden *yeden*
2 dwa *dva*
3 trzy *tshi*
4 cztery *chteri*
5 pięć *p-yENch*
6 sześć *shesh-ch*
7 siedem *sh-yedem*
8 osiem *oshem*
9 dziewięć *jev-yENch*
10 dziesięć *jeshENch*
11 jedenaście *yedenash-cheh*
12 dwanaście *dvanash-cheh*
13 trzynaście *tshinash-cheh*
14 czternaście *chternash-cheh*
15 piętnaście *p-yENtnash-cheh*
16 szesnaście *shesnash-cheh*
17 siedemnaście *shedemnash-cheh*
18 osiemnaście *oshemnash-cheh*
19 dziewiętnaście *jev-yENtnash-cheh*
20 dwadzieścia *dvajesh-cha*
21 dwadzieścia jeden *dvajesh-cha yeden*
22 dwadzieścia dwa *dvajesh-cha dva*
30 trzydzieści *tshijesh-chee*
31 trzydzieści jeden *tshijesh-chee yeden*
32 trzydzieści dwa *tshijesh-chee dva*
40 czterdzieści *chterjesh-chee*
50 pięćdziesiąt *p-yENchjeshAWNt*
60 sześćdziesiąt *shesh-chjeshAWNt*
70 siedemdziesiąt *shedemjeshAWNt*
80 osiemdziesiąt *oshemjeshAWNt*
90 dziewięćdziesiąt *jev-yENchjeshAWNt*
100 sto *sto*
110 sto dziesięć *sto jeshENch*

200	dwieście	*dv-yesh-cheh*
300	trzysta	*tshista*
400	czterysta	*chterista*
500	pięćset	*p-yENchset*
600	sześćset	*shesh-chset*
700	siedemset	*shedemset*
800	osiemset	*oshemset*
900	dziewięćset	*jev-yENchset*
1000	tysiąc	*tishAWNts*
10,000	dziesięć tysięcy	*jeshENCH tishENtsi*
20,000	dwadzieścia tysięcy	*dvajesh-cha tishENtsi*
100,000	sto tysięcy	*sto tishENtsi*
1,000,000	milion	*meel-yon*

TIME

today	dzisiaj	*jeeshı*
yesterday	wczoraj	*vchorı*
tomorrow	jutro	*yootro*
the day before yesterday	przedwczoraj	*pshedvchorı*
the day after tomorrow	pojutrze	*po-yootshe*
this week	w tym tygodniu	*vtim tigodn-yoo*
last week	w zeszłym tygodniu	*vzeshwim tigodn-yoo*
next week	w przyszłym tygodniu	*vpshishwim tigodn-yoo*
this morning	dzisiaj rano	*jeeshı rano*
this afternoon	dzisiaj popołudniu	*jeeshı popowoodn-yoo*
this evening	dzisiaj wieczorem	*jeeshı v-yechorem*
tonight	dzisiejszej nocy	*jeeshayshay notsi*
yesterday afternoon	wczoraj popołudniu	*vchorı popowoodn-yoo*
last night	wczorajszej nocy	*vchorıshay notsi*
tomorrow morning	jutro rano	*yootro rano*
tomorrow night	jutrzejszej nocy	*yootshayshay notsi*
in three days	za trzy dni	*za tshi dnee*
three days ago	trzy dni temu	*tshi dnee temoo*
late	późno	*poojno*
early	wcześnie	*vcheshn-yeh*
soon	nie długo	*n-yeh dwoogo*
later on	później	*poojn-yay*
at the moment	w tej chwili	*v tay Hveelee*
second	sekunda	*sekoonda*
minute	minuta	*meenoota*
one minute	jedna minuta	*yedna meenoota*
two minutes	dwie minuty	*dv-yeh meenooti*
quarter of an hour	kwadrans	*kvadrans*
half an hour	pół godziny	*poowuh gojeeni*

17

three quarters of an hour	trzy kwadranse	*tji kvadranseh*
hour	godzina	*gojeena*
that day	tego dnia	*tego dn-ya*
every day	codziennie	*tsojen-yeh*
all day	cały dzień	*tsawi jen-yuh*
the next day	następnego dnia	*nastENpnego dn-ya*

TELLING THE TIME

There are several ways of telling the time in Polish. For time on the hour, use first, second, third for one, two, three etc. So 'one o'clock' is **pierwsza** (*p-yervsha*), 'two o'clock' is **druga** (*drooga*) and so on. The Poles simply leave out the words 'hour' and 'minutes'.

For time past and to the hour, say the hour followed by the minutes: 'ten past ten' is therefore **dziesiąta dziesięć** (*jeshAWNta jeshENch*). 'Ten forty' is **dziesiąta czterdzieści** (*jeshAWNta chterjesh-chee*). Time past the hour can also be expressed using **po** meaning 'after', for example 'ten past ten' is **dziesięć po dziesiątej** (*jeshENch po jeshAWNtay*).

Another way of expressing time to the hour is to use **za** 'before', followed by the minutes and the hour which is approaching: so 'twenty to eleven' is **za dwadzieścia jedenasta** (*za dvajesh-cha yedenasta*).

For half past, use either the past hour followed by thirty, so 'half past ten' is **dziesiąta trzydzieści** (*jeshAWNta tshijesh-chee*); or alternatively you can say 'half to' the hour approaching – **w pół do jedenastej** (*v poowuh do yedenastay*).

For quarter past and quarter to, **kwadrans** ('quarter') is sometimes used so 'quarter past ten' is **kwadrans po dziesiątej** (*kvadrans po jeshAWNtay*). 'Quarter to eight' can be expressed as **za kwadrans ósma** (*za kvadrans oosma*).

The 24-hour clock is used in timetables, official notices and sometimes verbally.

1 o'clock	pierwsza	*p-yervsha*
2 o'clock	druga	*drooga*
3 o'clock	trzecia	*tshecha*
4 o'clock	czwarta	*chvarta*
5 o'clock	piąta	*p-yAWNta*
6 o'clock	szósta	*shoosta*
7 o'clock	siódma	*shoodma*
8 o'clock	ósma	*oosma*
9 o'clock	dziewiąta	*jev-yAWNta*
10 o'clock	dziesiąta	*jeshAWNta*
11 o'clock	jedenasta	*yedenasta*
12 o'clock	dwunasta	*dvoonasta*

am	rano	*rano*
pm	po południu	*po powoodn-yoo*
ten past one	dziesięć po pierwszej	*jeshENCH po p-yervshay*
quarter past one	kwadrans po pierwszej	*kvadrans po p-yervshay*
half past one	w pół do drugiej	*vpoowuh do droog-yay*
twenty to two	za dwadzieścia druga	*za dvajesh-cha drooga*
quarter to two	za kwadrans druga, za piętnaście druga	*za kvadrans drooga, za p-yENtnash-cheh drooga*
13.00	trzynasta	*tshinasta*
16.30	szesnasta trzydzieści	*shesnasta tshijesh-chee*
at half past five	o wpół do szóstej	*o vpoowuh do shoostay*
at seven o'clock	o siódmej	*o shoodmay*
noon	południe	*powoodn-yeh*
midnight	północ	*poowuhnots*

HOTELS

Hotels in Poland are classified according to the familiar star system, from one star to five star. Some, mainly in larger towns, belong to international hotel groups, such as Inter-Continental, Novotel and Holiday Inn, but other hotels may fall short of Western European standards. Remember that, if you require a room with a double bed, you must specify this, or you will be given twin beds.

Reservations should, where possible, be made early due to the relative shortage of hotels. This can be done either through a travel agent or directly with the hotel. Many hotels offer packages in and out of season where special rates generally include arrival and departure transfers and bed and breakfast accommodation.

Most hotel restaurants and cafés will accept payment in hard currency and tips in 'real money' are welcome (see Post Offices and Banks, page 88), although this might work out more expensive for the customer. In addition to hotels there are inns, guest houses and youth hostels throughout Poland offering accommodation which is usually relatively cheap. It is still quite rare, however, to find private rooms to rent.

USEFUL WORDS AND PHRASES

balcony	balkon	balkon
bathroom	łazienka	wajenka
bed	łóżko	wooĵko
bedroom	sypialnia	sip-yaln-ya
bill	rachunek	raнoonek
breakfast	śniadanie	shn-yadan-yeh
dining room	jadalnia	yadaln-ya
dinner	kolacja	kolats-ya
double room	pokój dwuosobowy	pokoo-yuh dvoo-osobovi
foyer	foyer	fo-yeh
full board	pełne utrzymanie	pewuhneh ootjiman-yeh
guest house	zajazd	za-yazd

hotel	hotel	Hotel
inn	gospoda	gospoda
key	klucz	klooch
lift	winda	veenda
lounge	hall	Hal
lunch	obiad	ob-yad
manager	kierownik	k-yerovneek
reception	recepcja	retsepts-ya
receptionist (male)	recepcjonista	retsepts-yoneesta
(female)	recepcjonistka	retsepts-yoneestka
restaurant	restauracja	restawrats-ya
room	pokój	pokoo-yuh
shower	prysznic	prishneets
single room	pokój jednoosobowy	pokoo-yuh yedno-osobovi
toilet	toaleta	to-aleta
twin room	pokój z dwoma łóżkami	pokoo-yuh z dvoma woojkamee
youth hostel	schronisko młodzieżowe	sHroneesko muhwojejoveh

Have you any vacancies?
Czy ma pan (to a man)/pani (to a woman) wolne pokoje?
chi ma pan/panee volneh poko-yeh

I have a reservation
Mam rezerwację
mam rezervats-yeh

I'd like a single/double room
Poproszę pokój jednoosobowy/dwuosobowy
poprosheh pokoo-yuh yedno-osobovi/dvoo-osobovi

I'd like a twin room
Poproszę pokój z dwoma łóżkami
poprosheh pokoo-yuh z dvoma woojkamee

I'd like a room with a bathroom/balcony
Poproszę pokój z łazienką/balkonem
poprosheh pokoo-yuh z wajenkAWN/balkonem

I'd like a room for one night/two/three nights
Poproszę pokój na jedną dobę/dwie/trzy doby
poprosheh pokoo-yuh na yednAWN dobeh/dv-yeh/tshi dobi

What is the charge per night?
Ile kosztuje za dobę?
eeleh koshtoo-yeh za dobeh

I don't know yet how long I'll stay
Nie wiem jeszcze jak długo się zatrzymam
n-yeh v-yem yesh-cheh yak dwoogo sheh zatshimam

Please could I have the key to room number ...?
Poproszę klucz od pokoju numer ...?
poprosheh klooch od poko-yoo noomer

There has been some mistake, I asked for a double room
To pomyłka, ja poprosiłem (*man*)/poprosiłam (*woman*) o pokój
  dwuosobowy
*to pomiwuhka ya poprosheewem/poprosheewam o pokoo-yuh
  dvoo-osobowi*

I'd prefer a room with a balcony
Wolałbym (*man*)/wolałabym (*woman*) pokój z balkonem
volawuhbim/volawuhabim pokoo-yuh z balkonem

Is there satellite/cable TV in the rooms?
Czy jest w pokojach telewizja satelitarna/kablowa?
chi yest w pokoyaн tele-vizya satelee-tarna/kablova

The window in my room is jammed
Okno w moim pokoju zacięło się
okno v mo-eem poko-yoo zachewo sheh

THINGS YOU'LL HEAR

Przepraszam, nie mamy wolnych pokoi
I'm sorry, we're full

Nie ma żadnych jednoosobowych pokoi
There are no single rooms left

Nie ma żadnych dwuosobowych pokoi
There are no double rooms left

Ile dób?
How many nights?

Paszport poproszę?
May I see your passport, please?

Proszę się podpisać?
Would you sign here, please?

Proszę wypełnić formularz
Please fill in this form

Jak będzie pan płacił/pani płaciła?
How will you be paying?

Proszę zapłacić z góry
Please pay in advance

The shower doesn't work
Prysznic nie działa
prishneets n-yeh jawa

The bathroom light doesn't work
Światło w łazience nie działa
shv-yatwo v wajentseh n-yeh jawa

There's no hot water/toilet paper/soap
Nie ma ciepłej wody/papieru toaletowego/mydła
n-yeh ma chepway vodi/pap-yeroo to-aletovego/midwa

What time is breakfast/dinner?
O której jest śniadanie/kolacja?
o ktooray yest shn-yadan-yeh/kolats-ya

Would you have my luggage brought up?
Proszę przesłać mój bagaż na górę?
prosheh psheswach moo-yuh bagaj na gooreh

Please call me at … o'clock
Proszę mnie obudzić o … godzinie
prosheh mn-yeh oboojeech o … gojeen-yeh

Can I have breakfast in my room?
Czy można zjeść śniadanie w pokoju?
chi mojna z-yesh-ch shn-yadan-yeh vpoko-yoo

I'll be back at … o'clock
Wrócę o … godzinie
vrootseh o … gojeen-yeh

Is there a reduction for children?
Czy jest zniżka dla dzieci?
chi yest zneej-ka dla jyechee

Is there a highchair/cot/baby changing room?
Czy jest tam krzesło dla dziecka/przewijalnia?
chi yest tam ksheswuho dla jee-etska/psheweeyalnya

Can you warm this bottle/baby food for me?
Czy może Pan (*to a man*)/Pani (*to a woman*) podgrzać tą
    butelkę/to jedzenie dla dziecka?
chi moje pan/panee podgjach TAWN bootelkeh/to ye-jenye dla jyetska

My room number is …
Mieszkam w pokoju numer …
m-yeshkam v poko-yoo noomer

I'm leaving tomorrow
Wyjeżdżam jutro
vi-yejd-jam yootro

At what time do I have to be out of my room?
O której trzeba opuścić pokój?
o ktooray tsheba opoosh-cheech pokoo-yuh

Can I have the bill, please?
Proszę o rachunek
prosheh o raHoonek

I'll pay by credit card
Zapłacę kartą kredytową
zapwatseh kartAWN kreditovAWN

I'll pay cash
Zapłacę gotówką
zapwatseh gotoovkAWN

Can you get me a taxi?
Czy może pan (*to a man*)/pani (*to a woman*) sprowadzić mi
   taksówkę?
chi mojeh pan/panee sprovajeech mee taksoovkeh

Can you recommend another hotel?
Czy może pan (*to a man*)/pani (*to a woman*) polecić mi inny hotel?
chi mojeh pan/panee polecheech mee eeni Hotel

Are there facilities for the disabled?
Czy jest to przystosowane dla inwalidów?
chi yest to pshisto-sovane dla eenva-leedoov

THINGS YOU'LL SEE

bagażowy	porter
ciągnąć	pull
dwa posiłki dziennie	half board
gazety	newspapers
golarka	shaver
kawiarnia	café
kierownik	manager
kolacja	dinner
łazienka	bathroom
obiad	lunch
parter	ground floor
pchnąć	push
pełne utrzymanie	full board
piętro	floor
pokój dwuosobowy	double room
pokój jednoosobowy	single room
pokojówka	chambermaid
pokój z dwoma łóżkami	twin room
portier	hotel attendant
pranie	laundry
prysznic	shower
rachunek	bill
recepcja	reception
restauracja	restaurant
rezerwacja	reservation
śniadanie	breakfast
toaleta, W.C.	toilet
winda	lift
wyjście	exit
wyjście bezpieczeństwa	emergency exit
wymiana pieniędzy	bureau de change

DRIVING

Drive on the right, overtake on the left. Give way to traffic coming from the right where no road has priority. On roundabouts, priority is given to traffic coming from the right and to trams. You must not overtake a tram that has stopped to allow passengers to get out on the road. The speed limit is 60 km/h (37 mph) in built-up areas unless otherwise indicated and 90 km/h (56 mph) out of town. Seat belts are compulsory on all seats and special car seats for babies and children must be used; a red warning triangle must be carried at all times in case of an accident or breakdown. Opening hours of petrol and service stations vary so it is best to keep an eye on your tank and carry a can of petrol with you. Grades of petrol are as follows:

super (94 octane) – **wysoko oktanowa** (*wisoko oktanova*)
diesel – **diesel**, colloquially known as **ropa** (*ropa*)
extra (98 octane) – **ekstra**
unleaded – **bezołowiowa** (*bezowovyova*)

Especially when driving down narrow country roads in the dark, beware of carts, which tend to be very poorly lit, and of tipsy pedestrians not always walking in a straight line.
   Do *not* drink and drive. The police are very strict and the blood alcohol limit is zero.

Some Common Road Signs	
autostrada	motorway
centrum	town centre
ciężkie pojazdy	lane for heavy vehicles
cło	customs
dopuszcza się ruch lokalny	except for access
koniec autostrady	end of motorway

→

koniec ograniczenia szybkości	end of speed limit
niebezpieczne skrzyżowanie	dangerous junction
niebezpieczny zakręt	dangerous bend
nierówna nawierzchnia	uneven road surface
objazd	diversion
ograniczenie szybkości do 60 km/h	speed limit 60 km/h
ostry zakręt	sharp bend
parkowanie wzbronione	no parking
pierwsza pomoc	first aid
przejazd kolejowy	level crossing
przejście dla pieszych	pedestrian crossing
przejście podziemne	underpass
przejście wzbronione	no trespassing
roboty drogowe	roadworks
ruch jednostronny	one-way street
skrzyżowanie	crossroads
szkoła	school
tylko dla pieszych	pedestrians only
udziel pierwszeństwa przejazdu	give way
uwaga	caution
uwaga bydło	cattle crossing
uwaga nawierzchnia	bad road surface
uwaga niebezpieczeństwo	danger
uwaga pociąg	beware of trains
w ciągłym użytku	in constant use (no parking)
zakaz parkowania	no parking
zakaz skrętu w lewo	no left turn
zakaz skrętu w prawo	no right turn
zakaz wjazdu	no entry
zakaz wyprzedzania	no overtaking
zakaz zawracania	no U-turn
zgasić światła	headlights off

Useful Words and Phrases

automatic	automatyczna skrzynia biegów	*awtomatichna skshin-ya b-yegoov*
boot	bagażnik	*bagajneek*
brake *(noun)*	hamulec	*Hamoolets*
break down *(verb)*	zepsuć się	*zepsooch sheh*
car	samochód	*samoHood*
caravan	przyczepa	*pshichepa*
clutch	sprzęgło	*spshENgwo*
crossroads	skrzyżowanie	*skshijovan-yeh*
drive *(verb)*	prowadzić	*provajeech*
engine	silnik	*sheelneek*
exhaust	wydech	*videH*
fanbelt	pasek klinowy	*pasek kleenovi*
garage *(for repairs)*	warsztat samochodowy	*varshtat samoHodovi*
(for petrol)	stacja benzynowa	*stats-ya benzinova*
gear	bieg	*b-yeg*
gears	biegi	*b-yegee*
gearbox	skrzynia biegów	*skshin-ya b-yegoov*
headlights	światła przednie	*shv-yatwa pshedn-yeh*
junction	skrzyżowanie	*skshijovan-yeh*
(on motorway:		
slip road in	wjazd	*vyazd*
slip road off)	zjazd	*zyazd*
licence	prawo jazdy	*pravo yazdi*
lorry	ciężarówka	*chENjaroovka*
manual	mechaniczna skrzynia biegów	*meHaneechna skshin-ya b-yegoov*
mirror	lusterko	*loosterko*
motorbike	motocykl	*mototsikl*
motorway	autostrada	*awtostrada*
number plate	numer rejestracyjny	*noomer rayestratsi-yuhni*
petrol	benzyna	*benzina*
rear lights	światła tylne	*shv-yatwa tilneh*

29

road	droga, szosa	*droga, shosa*
skid *(verb)*	poślizgnąć się	*poshleezgnAWNch sheh*
spares	części	*chENsh-chee*
	zamienne	*zam-yeneh*
spark plugs	świece	*shv-yetseh*
speed *(noun)*	szybkość	*shibkosh-ch*
speed limit	szybkość	*shibkosh-ch*
	maksymalna,	*maksimalna,*
	ograniczenie	*ogran-yeechen-yeh*
	szybkości	*shibkosh-chee*
speedometer	szybkościomierz	*shibkosh-chom-yeJ*
steering wheel	kierownica	*k-yerovneetsa*
tow	holować	*HOlovach*
traffic lights	światła	*shv-yatwa*
trailer	naczepa	*nachepa*
tyre	opona	*opona*
van	furgonetka	*foorgonetka*
wheel	koło	*kowo*
windscreen	przednia szyba	*pshedn-ya shiba*
windscreen wiper	wycieraczka	*vicherachka*

I'd like some petrol/oil/water
Proszę benzyny/oleju/wody
prosheh benzini/olay-oo/vodi

Fill her up, please!
Pełny bak, proszę!
pewuhni bak prosheh

I'd like 10 litres of petrol
Proszę dziesięć litrów benzyny
prosheh jeshENch leetroov benzini

Would you check the tyres, please?
Proszę, sprawdzić opony?
prosheh spravjeech oponi

Do you do repairs?
Czy można tu zreperować?
chi mojna too zreperovach

Can you repair the clutch?
Czy może pan (*to a man*)/pani (*to a woman*) zreperować sprzęgło?
chi mojeh pan/panee zreperovach spshENgwo

How long will it take?
Jak długo to zajmie?
yak dwoogo to zIm-yeh

Where can I park?
Gdzie mogę zaparkować?
gjeh mogeh zaparkovach

Can I park here?
Czy mogę tu zaparkować?
chi mogeh too zaparkovach

Where is the nearest garage? (*for repairs*)
Gdzie jest najbliższy warsztat samochodowy?
gjeh yest nIbleejshi varshtat samoHodovi

How do I get to ...?
Którędy jedzie się do ...?
ktoorENdi yejeh sheh do

Is this the road to ...?
Czy ta droga prowadzi do ...?
chi ta droga provajee do

There is something wrong with the engine
Silnik źle działa
sheelneek shleh jawa

DIRECTIONS YOU MAY BE GIVEN

prosto	straight on
na lewo	on the left
skręcić w lewo	turn left
na prawo	on the right
skręcić w prawo	turn right
pierwsza w prawo	first on the right
druga w lewo	second on the left
za …	past the …

The engine is overheating
Silnik się przegrzewa
sheelneek sheh pshegsheva

The brakes don't work
Hamulce są zepsute
Hamooltseh sAWN zepsooteh

I need a new tyre
Potrzebuję nową oponę
potjeboo-yeh novAWN oponeh

I'd like to hire a car
Chciałbym (*man*)/chciałabym (*woman*) wynająć samochód
Hchawuhbim/Hchawabim vinayAWNch samoHood

Is there a mileage charge?
Czy jest opłata za kilometraż?
chi yest opwata za keelometraj

Can we hire a baby/child seat? (car seat)
Czy możemy wypożyczyć fotelik samochodowy dla dziecka?
chi mojemi wipo-jichich foteleek samoHodovi dla jyetska

THINGS YOU'LL SEE

benzyna	petrol
bezołowiowa	unleaded
ciśnienie	air pressure
ciśnienie w oponach	tyre pressure
diesel	diesel
garaż	garage
kolejka	queue
naprawa	repair
nisko oktanowa	low octane
olej	oil
poziom oleju	oil level
stacja benzynowa	petrol station
stacja obsługi	service station
warsztat samochodowy	garage (for repairs)
wyjście	exit
wysoko oktanowa	high octane
zakaz parkowania w godz. 8 – 20	no parking from 8 am to 8 pm

THINGS YOU'LL HEAR

Dokumenty proszę
Please show me your documents

Proszę pokazać prawo jazdy
May I see your licence?

RAIL TRAVEL

Polish trains are fairly slow compared to Intercity and may be delayed in winter when icy conditions prevail. There are three main types of train service: the slowest (usually local trains) are called **osobowy** (*osobovi*); direct trains are known as **pośpieszny** (*poshp-yeshni*); and the fastest are the express trains – **Ekspres** (*ekspres*), marked in the timetable with a red 'R' in a box

Since the charge is small, it is worthwhile making a seat reservation – **miejscówka** (*m-yaystsoovka*) – in advance, especially for the **ekspres**. Sleeping compartments are quite cheap and always require advance booking.

USEFUL WORDS AND PHRASES

booking office	kasa biletowa	*kasa beeletova*
buffet	bufet	*boofet*
carriage	wagon	*vagon*
compartment	przedział	*pshejawuh*
communication	hamulec	*Hamoolets*
cord	bezpieczeństwa	*bezp-yechen-yuhstva*
connection	połączenie	*powAWNchen-yeh*
delay	opóźnienie	*opooshn-yen-yeh*
dining car	wagon restauracyjny	*vagon restawratsi-yuhni*
engine	silnik	*sheelneek*
entrance	wejście	*vaysh-cheh*
exit	wyjście	*vi-yuhsh-cheh*
first class	pierwsza klasa	*p-yervsha klasa*
get in	wsiadać	*vshadach*
get out	wysiadać	*vishadach*
indicator board	tablica	*tableetsa*
	informacyjna	*eenformatsi-yuhna*
left luggage office	przechowalnia	*psheHovaln-ya*
	bagażu	*bagajoo*
lost property	biuro rzeczy	*b-yooro jechi*
	znalezionych	*znaleshoniH*

luggage trolley	wózek bagażowy	v_oo_zek bagaj_o_vi
luggage van	wagon bagażowy	v_a_gon bagaj_o_vi
platform	peron	p_e_ron
porter	bagażowy	bagaj_o_vi
rail	szyna	sh_i_na
railway	linia kolejowa	l_ee_n-ya kolay-_o_va
reserved seat	miejsce rezerwowane	m-y_ay_stseh rezerv_o_vaneh
restaurant car	wagon restauracyjny	v_a_gon restawrats_i_-yuhni
return ticket	bilet powrotny	b_ee_let povr_o_tni
seat	miejsce	m-y_ay_stseh
second class	druga klasa	dr_oo_ga kl_a_sa
single ticket	bilet w jedną stronę	b_ee_let v y_e_dnAWN str_o_neh
sleeper car	wagon sypialny	v_a_gon sip-y_a_lni
sleeping compartment	przedział sypialny	psh_e_jaw sip-y_a_lni
station	stacja	st_a_ts-ya
station master	zawiadowca stacji	zav-yad_o_vtsa st_a_tsee
ticket	bilet	b_ee_let
ticket collector		
(at gate)	bileter	beel_e_ter
(in train)	konduktor	kond_oo_ktor
timetable	rozkład jazdy	r_o_zkwad y_a_zdi
tracks	tory	t_o_ri
train	pociąg	p_o_chAWNg
waiting room	poczekalnia	pochek_a_ln-ya
window	okno	_o_kno

When does the train for ... leave?
O której odchodzi pociąg do ...?
o kt_oo_ray odH_o_jee p_o_chAWNg do

When does the train from ... arrive?
O której przyjeżdża pociąg z ...?
o kt_oo_ray pshi-y_e_jd-ja p_o_chAWNg z

When is the next train to …?
Kiedy jest następny pociąg do …?
k-yedi yest nastENpni pochAWNg do

When is the first train to …?
O której jest pierwszy pociąg do …?
o ktooray yest p-yervshi pochAWNg do

When is the last train to …?
O której jest ostatni pociąg do …?
o ktooray yest ostatnee pochAWNg do

What is the fare to …?
Ile kosztuje bilet do …?
eeleh koshtoo-yeh beelet do

Do I have to change?
Czy muszę się przesiadać?
chi moosheh sheh psheshadach

Does the train stop at …?
Czy pociąg zatrzymuje się w …?
chi pochAWNg zatshimoo-yeh sheh v

How long does it take to get to …?
Jak długo jedzie się do …?
yak dwoogo yejeh sheh do

A single/return ticket to … please
Proszę bilet w jedną stronę/powrotny bilet do …
prosheh beelet v yednAWN stroneh/povrotni beelet do

Do I have to pay a supplement?
Czy muszę coś dopłacać?
chi moosheh tsosh dopwatsach

Do we have to pay for the children?
Czy musimy płacić za dzieci?
chi moosheemi pwatcheech za jyechee

Is there a family ticket available?
Czy można otrzymać bilet rodzinny?
chi mojna otshimach beelet rojeen-ni

I'd like to reserve a seat
Chciałbym (*man*)/chciałabym (*woman*) zarezerwować miejsce
Hchawuhbim/Hchawabim zarezervovach m-yaystseh

Is this the right train for …?
Czy to jest pociąg do …?
chi to yest pochawng do

Is this the right platform for the … train?
Czy z tego peronu odchodzi pociąg do …?
chi z tego peronoo odHojee pochawng do

Which platform for the … train?
Z którego peronu odchodzi pociąg do …?
z ktoorego peronoo odHojee pochawng do

Is the train late?
Czy pociąg jest opóźniony?
chi pochawng yest opoojn-yoni

Could you help me with my luggage?
Czy mógłby pan (*to a man*)/mogłaby pani (*to a woman*) pomóc
mi z bagażem?
chi moogwuhbi pan/mogwabi panee pomoots mee z bagajem

Is this a non-smoking compartment?
Czy to jest przedział dla nie palących?
chi to yest pshejawuh dla n-yeh palawntsiH

Is this seat free?
Czy to miejsce jest wolne?
chi to m-yaystseh yest volneh

This seat is taken
To miejsce jest zajęte
to m-yaystseh yest za-yENteh

I have reserved this seat
Zarezerwowałem (*man*)/zarezerwowałam (*woman*) to miejsce
zarezervovawem/zarezervovawam to m-yaystseh

May I open/close the window?
Czy mogę otworzyć/zamknąć okno?
chi mogeh otvojich/zamknAWNch okno

When do we arrive in ...?
Kiedy dojeżdżamy do ...?
k-yedi do-yejd-jami do

What station is this?
Co to za stacja?
tso to za stats-ya

Do we stop at ...?
Czy pociąg zatrzymuje się w ...?
chi pochAWNg zatjimoo-yeh sheh v

Is there a restaurant car on this train?
Czy jest tu wagon restauracyjny?
chi yest too vagon restawratsi-yuhni

THINGS YOU'LL SEE

dla nie palących	non-smokers
dla palących	smokers
dni robocze	weekdays
dopłata	supplement
dworzec centralny	central station
hamulec bezpieczeństwa	communication cord
informacja	information
kasa biletowa	ticket office
kiosk RUCH	newspaper kiosk
miejscówka	seat reservation
niedziele i święta	Sundays and public holidays
nie otwierać drzwi w czasie biegu pociągu	do not open the door while the train is moving
nie uzasadnione użycie będzie karane	penalty for misuse
nie wychylać się	do not lean out of the window
nie zatrzymuje się w ...	does not stop in ...
odjazdy	departures
opóźnienie	delay
oprócz niedziel	Sundays excepted
otwarty	open
palenie wzbronione	no smoking
peron	platform
peronówka	platform ticket
pociągi do ...	trains to ...
pociąg ekspresowy	express train
pociąg osobowy	slow train
pociąg podmiejski	local train
pociąg pośpieszny	fast train
podróż	journey
przechowalnia bagażu	left luggage
przejście do pociągów dalekobieżnych	to long-distance trains
przejście na perony	to the platforms

→

przekąski	snacks
PKP	Polish National Railways
przyjazdy	arrivals
rozkład jazdy	timetable
wagon	carriage
wagon restauracyjny	restaurant car
wagon sypialny	sleeping car
wejście	entrance
wolny	vacant
wstęp wzbroniony	no entry
wyjście	exit
wymiana walut	currency exchange
zajęty	engaged

THINGS YOU'LL HEAR

Bilety, proszę
Tickets, please

Pociąg z … wjeżdża na tor przy peronie …
The train from … is arriving at platform …

Pociąg do … planowy odjazd … jest opóźniony o … minut
The … o'clock train to … is running … minutes late

Pociąg pośpieszny/osobowy do … odjeżdża z peronu …
The fast/slow train to … will depart from platform …

Uwaga
Attention

AIR TRAVEL

Polish airports are small and relatively basic although Warsaw's international airport, **Okecie** (*okENcheh*), has recently been modernized. Duty-free shops, bureaux de change, cafés and other airport facilities are being slowly introduced. Baggage reclaim is situated immediately as you enter the arrivals hall and, when two or more flights arrive within a short period of each other, finding your bags can be difficult. You may then find a taxi but it is best to agree the fare before you get in. Increasingly, there are airport buses to and from airports for which you will need a supply of coins.

After checking-in and passing through passport control, the international traveller has to take his baggage through customs control. Works of art pre-dating World War II must not be exported without prior permission.

There is a domestic air network connecting the main cities.

Useful Words and Phrases

aircraft	samolot	*samolot*
air hostess	stewardessa	*st-yoo-ardesa*
airline	linia lotnicza	*leen-ya lotn-yeecha*
airport	lotnisko	*lotn-yeesko*
aisle	przejście	*pshaysh-cheh*
arrival	przylot	*pshilot*
baggage claim	odbiór bagażu	*odb-yoor bagajoo*
boarding card	karta pokładowa	*karta pokwadova*
check-in (*desk*)	odprawa podróżnych	*odprava podroojniH*
customs	cło	*tswo*
delay	opóźnienie	*opooshn-yen-yeh*
departure	odlot	*odlot*
departure lounge	sala odlotowa	*sala odlotova*
emergency exit	wyjście bezpieczeństwa	*vi-yuhsh-cheh bezp-yechen-yuhstva*

flight	lot	*lot*
flight number	numer lotu	*noomer lotoo*
gate	przejście	*pshaysh-cheh*
jet	odrzutowiec	*odjootov-yets*
land *(verb)*	lądować	*lAWNdovach*
long-distance flight	lot dalekobieżny	*lot dalekob-yejni*
passport	paszport	*pashport*
passport control	kontrola paszportowa	*kontrola pashportova*
pilot	pilot	*peelot*
runway	pas startowy	*pas startovi*
seat	miejsce	*m-yaystseh*
seat belt	pas bezpieczeństwa	*pas bezp-yechen-yuhstva*
steward	steward	*st-yoo-ard*
stewardess	stewardessa	*st-yoo-ardesa*
takeoff	odlot	*odlot*
window	okno	*okno*
wing	skrzydło	*skshidwo*

When is there a flight to …?
Kiedy jest lot do …?
k-yedi yest lot do

What time does the flight to … leave?
O której odlatuje samolot do …?
o ktooray odlatoo-yeh samolot do

Is it a direct flight?
Czy to jest bezpośredni lot?
chi to yest bezposhredn-yuh lot

Do I have to change planes?
Czy muszę się przesiadać?
chi moosheh sheh psheshadach

When do I have to check in?
O której mam się zgłosić do odprawy?
o ktooray mam sheh zgwosheech do odpravi

I'd like a single/return ticket to …
Proszę bilet w jedną stronę/powrotny bilet do …
prosheh beelet v yednAWN stroneh/povrotni beelet do

I'd like a non-smoking seat, please
Proszę miejsce dla niepalących/przy oknie
prosheh m-yaystseh dla n-yepalAWNtsiH/pshi okn-yeh

How long will the flight be delayed?
Jakie jest opóźnienie?
yak-yeh yest opooshn-yen-yeh

When do we arrive in …?
O której przylatujemy do …?
o ktooray pshilatoo-yemi do

I do not feel very well
Źle się czuję
shleh sheh choo-yeh

THINGS YOU'LL SEE

awaryjne	emergency exit
BALTONA	duty-free shop
czas lokalny	local time
dla niepalących	non-smokers
gaśnica	fire extinguisher
informacja	information
kamizelka ratunkowa	life jacket
kontrola celna	customs control
kontrola paszportowa	passport control

→

krajowy lot	domestic flight
lądowanie awaryjne	emergency landing
lot	flight
lot bezpośredni	direct flight
lot regularny	scheduled flight
międzylądowanie	intermediate stop
międzynarodowy lot	international flight
nic do oclenia	nothing to declare
odbiór bagażu	baggage claim
odloty	departures
odprawa celna	customs clearance
odprawa biletowo-bagażowa	check-in
opóźnienie	delay
pasażerowie	passengers
pas startowy	runway
proszę nie palić	no smoking, please
przyloty	arrivals
urząd celny	customs office
wezwanie stewardessy	call stewardess
wyjście	gate
wyjście bezpieczeństwa	emergency exit
wymiana walut	currency exchange
zapiąć pasy	fasten seat belts

THINGS YOU'LL HEAR

Uwaga. Pasażerowie odlatulący do … proszeni do wyjścia numer …
Attention please. Passengers flying to … please go to gate number …

Pan … proszony/pani … proszona jest do informacji
Please could Mr … /Mrs … go to the information desk

BUS TRAVEL

Most urban buses in Poland are one-man operated. A ticket must be bought before the journey at any **RUCH** (*rooH*) kiosk, or where the sign **MZK bilety** is displayed, and punched by the passenger on entering the bus. Since a flat fare is the rule, it is useful to buy a book of tickets called a **karnet** (*kar-net*). A similar flat-fare system applies to trams. Each town issues its own local bus and tram tickets which may not be used in another town.

There are three bus networks in Warsaw: the bus that stops at every bus stop has a black number displayed; the **przyśpieszony** (*pshishp-yeshoni*) has fewer stops and the number displayed is red; the distances between the stops of the **pośpieszny** (*poshp-yeshni*) are considerable and the bus has a red letter displayed. The **pośpieszny** buses are the most expensive. Tram tickets can also be used on buses. There is a local train, **podmiejski** (*podm-yayskee*), serving the suburbs and surrounding areas.

Three long-distance bus networks cover the whole of Poland: the local **PKS** bus, which is cheap but very slow, stops in numerous villages and towns; the **pośpieszny PKS** has fewer stops; and the **ekspres** (*ekspres*) is more expensive and stops only in large towns and cities. For the inter-city buses, it is best to buy tickets beforehand – at bus stations and most travel agents. It is a good idea to make a seat reservation, **miejscówka** (*m-yaystsoovka*), especially if you are intending to travel on an **ekspres**. Buses fall well behind Western standards: heating is often out of order and air conditioning practically non-existent. Ships and ferries sail from the northern ports to numerous international destinations including Southampton.

USEFUL WORDS AND PHRASES

adult	dorosły	*doroswi*
boat	statek	*statek*
bus	autobus	*awtoboos*
bus stop	przystanek autobusowy	*pshistanek awtoboosovi*

child	dziecko	*jetsko*
coach	autokar	*awtokar*
conductor	konduktor	*kondooktor*
connection	połączenie	*powAWNchen-yeh*
cruise	rejs	*rays*
driver	kierowca	*k-yerovtsa*
fare	taryfa	*tarifa*
ferry	prom	*prom*
network map	mapa sieci autobusowej	*mapa shechee awto-boosovay*
number 5 bus	autobus numer pięć	*awtoboos noomer p-yENch*
passenger	pasażer	*pasajer*
port	port	*port*
quay	nadbrzeże	*nadb-jejeh*
sea	morze	*mojeh*
seat	miejsce	*m-yaystseh*
seat reservation	miejscówka	*m-yaystsoovka*
ship	statek, okręt	*statek, okrENT*
station	stacja	*stats-ya*
subway	przejście podziemne	*pshaysh-cheh podjemneh*
taxi	taksówka	*taksoovka*
terminus	zajezdnia	*zi-ezdn-ya*
ticket	bilet	*beelet*
tram	tramwaj	*tramvi*
underground	kolejka podziemna	*kolayka podjemna*

Where is the bus station?
Gdzie jest dworzec autobusowy?
gjeh yest dvojets awtoboosovi

Where is there a bus/tram stop?
Gdzie jest przystanek autobusowy/tramwajowy?
gjeh yest pshistanek awtoboosovi/tramvi-yovi

Which buses go to …?
Ktore autobusy jeżdżą do …?
ktooreh awtoboosi yejd-JAWN do

How often do the buses/trams to … run?
Jak często odchodzą autobusy/tramwaje do …?
yak chENsto odHodzAWN awtoboosi/tramvI-eh do

Would you tell me when we get to …?
Proszę powiedzieć mi kiedy dojedziemy do …?
prosheh pov-yejech mee k-yedi do-yejemi do?

Do I have to get off yet?
Czy mam już wysiąść?
chi mam yooj vishAWNsh-ch

How do you get to …?
Jak się jedzie do …?
yak sheh yejeh do

Is it very far?
Czy to jest bardzo daleko?
chi to yest bardzo daleko

I want to go to …
Chcę jechać do …
Htseh yeHach do

Do you go near …?
Czy jedzie pan (*to a man*)/pani (*to a woman*) nie daleko …?
chi yejeh pan/panee n-yeh daleko

Where can I buy a ticket?
Gdzie mogę kupić bilet?
gjeh mogeh koopeech beelet

Could you close the window?
Czy mógłby pan (*to a man*)/mogłaby pani (*to a woman*)
zamknąć okno?
chi m<u>oo</u>gwuhbi pan/m<u>o</u>gwabi p<u>a</u>nee z<u>a</u>mkn<small>AWN</small>ch <u>o</u>kno

Could you open the window?
Czy mógłby pan (*to a man*)/mogłaby pani (*to a woman*)
otworzyć okno?
chi m<u>oo</u>gwuhbi pan/m<u>o</u>gwabi p<u>a</u>nee otv<u>o</u>jich <u>o</u>kno

Could you help me get a ticket?
Czy mógłby pan (*to a man*)/mogłaby pani (*to a woman*) pomóc
mi kupić bilet?
chi m<u>oo</u>gwuhbi pan/m<u>o</u>gwabi p<u>a</u>nee p<u>o</u>moots mee k<u>oo</u>peech b<u>ee</u>let

When does the last bus leave?
O której odchodzi ostatni autobus?
o kt<u>oo</u>ray odH<u>o</u>jee ost<u>a</u>tnee awt<u>o</u>boos

---

THINGS YOU'LL SEE

awaryjne	emergency exit
bilet	ticket
dla inwalidów	for the disabled
dla matek z dziećmi	for mothers with children
dla nie palących	no smoking
dorośli	adults
dworzec autobusowy	bus station
dzieci	children
karnet autobusowy	book of bus tickets
kierowca	driver
komplet	full (*bus*)
konduktor	ticket inspector
miejsca	seats
odjazd	departure

→

odjazd o godzinie …	departing at …
palenie wzbronione	no smoking
pokazać	to show
port	harbour
postój taksówek	taxi rank
przechowalnia bagażu	left luggage
przesiadać się	to change
przyjazd o godzinie …	arriving at …
przystanek autobusowy	bus stop
przystanek tramwajowy	tram stop
rozkład jazdy	timetable
RUCH	newspaper kiosk
trasa	route
wejście	entrance
wejście wzbronione	no entry
wejście z przodu	entry at front
wejście z tyłu	entry at rear
wyjście	exit
wyjście bezpieczeństwa	emergency exit
zabrania się kierowcy	do not speak to the driver
rozmawiać z pasażerami	

DOING BUSINESS

Joint ventures between Poland and Western Europe are on the increase but, although Poland is eager to establish business and trading relationships with the West, do not take anything for granted.

Poles have a great respect for hierarchy so don't be surprised to hear them call each other by rank – **panie kierowniku** (*pan-yeh k-yerovnikoo*) to the manager, **panie dyrektorze** (*pan-yeh direktorsheh*) to the director and so on. If you know their position, impress them by using their title, but don't go straight to the top – the businessman of lower rank will resent being bypassed and the end result might prove contrary to what you intend. Carry business cards with you and hand them around – the Poles like to have that little piece of cardboard that establishes your credibility.

The Poles are a hospitable people and this is reflected even in their business dealings. It is highly likely that you will be invited to a formal dinner, but do be careful and go easy on the drink! Many Poles are used to throwing back one **wódka** (*voodka*) after another as toasts are raised but you might not be. The effect can be devastating and embarrassing!

It is useful to carry some Western gifts with you. The occasional bottle of whisky, a box or two of cigarettes or cigars would be very much appreciated.

USEFUL WORDS AND PHRASES

accept	przyjąć	pshi-yAWNch
accountant	księgowy	kshENgovi
accounts	dział	jawuh
department	księgowości	kshENgovosh-chee
advertisement	reklama,	reklama,
	ogłoszenie	ogwoshen-yeh
advertising	reklama	reklama
airfreight	fracht lotniczy	fraHt lotneechi

backhander	łapówka	*wapoovka*
bid *(verb)*	zaoferować cenę	*za-oferowach tseneh*
board *(of directors)*	rada nadzorcza	*rada nadzorcha*
brochure	broszura	*broshoora*
business card	wizytówka	*veezitoovka*
businessman	przedsiębiorca	*pshedshENb-yortsa*
chairman	przewodniczący,	*pshevodneechAWNntsi,*
	prezes	*prezes*
cheap	tanio	*tan-yo*
client	klient	*kl-yent*
company	przedsiębiorstwo,	*pshedshENb-yorstvo,*
	firma	*feerma*
computer	komputer	*kompooter*
consumer *(male)*	konsument	*konsooment*
(female)	konsumentka	*konsoomentka*
contract	kontrakt, umowa	*kontrakt, umova*
cost	koszt	*kosht*
customer	klient	*kl-yent*
deadline	termin ostateczny	*termeen ostatechni*
deal	umowa	*umova*
debt	dług	*dwoog*
director	dyrektor	*direktor*
discount	zniżka	*zneeshka*
documents	dokumenty	*dokoomenti*
down payment	zaliczka	*zaleechka*
engineer	inżynier	*eenjin-yer*
expensive	drogo	*drogo*
exports	eksport	*eksport*
fax	faks, telefaks	*faks, telefaks*
foreign currency	dewizy	*deveezi*
import *(verb)*	importować	*eemportovach*
imports	z importu	*z eemportoo*
instalment	rata	*rata*
invoice	rachunek, faktura	*raHoonek, faktoora*
invoice *(verb)*	wystawić rachunek	*vistaveech raHoonek*
joint venture	spółka joint venture	*spoowuhka joynt vencher*

letter	list	*leest*
letter of credit	list kredytowy	*leest kredit<u>o</u>vi*
loss	strata	*str<u>a</u>ta*
management	zarząd	*z<u>a</u>JAWNd*
manager	kierownik	*k-yer<u>o</u>vneek*
manufacture (*verb*)	produkować	*prodook<u>o</u>vach*
(*noun*)	produkcja	*prod<u>oo</u>kts-ya*
margin	marża	*m<u>a</u>rja*
market	rynek	*r<u>i</u>nek*
marketing	marketing	*mark<u>e</u>teeng*
market research	badanie rynku	*bad<u>a</u>n-yeh r<u>i</u>nkoo*
meeting	zebranie	*zebr<u>a</u>n-yeh*
negotiations	pertraktacje	*pertrakt<u>a</u>ts-yeh*
offer	oferta	*of<u>e</u>rta*
order (*noun*)	zamówienie	*zamoov-y<u>e</u>n-yeh*
(*verb*)	zamówić	*zam<u>oo</u>veech*
partnership	spółka	*sp<u>oo</u>wuhka*
personnel	personel	*pers<u>o</u>nel*
price	cena	*ts<u>e</u>na*
product	produkt	*pr<u>o</u>dookt*
production	produkcja	*prod<u>oo</u>kts-ya*
profit	zysk	*zisk*
promotion	promocja	*prom<u>o</u>ts-ya*
(*advertising*)	reklama	*rekl<u>a</u>ma*
purchase order	zamówienie	*zamoov-y<u>e</u>n-yeh*
sales department	dział handlowy	*j<u>a</u>wuh Handl<u>o</u>vi*
sales director	dyrektor sprzedaży	*dir<u>e</u>ktor spshed<u>a</u>ji*
secretary (*female*)	sekretarka	*sekret<u>a</u>rka*
shipment	fracht morski	*fraHt m<u>o</u>rskee*
tax	podatek	*pod<u>a</u>tek*
tender (*verb*)	złożyć ofertę	*zw<u>o</u>jich of<u>e</u>rteh*
total	suma	*s<u>oo</u>ma*

My name is …
Nazywam się …
naz<u>i</u>vam sheh

Here's my card
Oto moja wizytówka
oto mo-ya veezitoovka

Pleased to meet you
Miło pana (_to a man_)/panią (_to a woman_) poznać
meewo pana/pan-yawN poznach

May I introduce …?
Czy mogę przedstawić …?
chi mogeh pshedstaveech

My company is …
Moja firma nazywa się …
mo-ya feerma naziwa sheh

Our product is selling very well in the UK market
Nasz produkt dobrze sprzedaje się na brytyjskim rynku
nash prodookt dobje spshedzi-eh sheh na briti-yuhskeem rinkoo

We are looking for partners in Poland
Szukamy wspólników w Polsce
shookami vspoolneekoov v polstseh

At our last meeting …
Na naszym ostatnim zebraniu …
na nashim ostatneem zebran-yoo

10 per cent/25 per cent/50 per cent
dziesięć procent/dwadzieścia pięć procent/pięćdziesiąt procent
jeshENch protsent/dvajesh-cha p-yENch protsent/p-yENjeshAWNt protsent

More than …
Więcej niż …
v-yENtsay neej

Less than …
Mniej niż …
mn-yay neej

We're on schedule
Idzie planowo
eejeh planovo

We're slightly behind schedule
Jesteśmy trochę opóźnieni
yesteshmi troHeh opoojn-yenee

Please accept our apologies
Serdecznie przepraszamy
serdechn-yeh psheprashami

There are good government grants available
Można dostać dobrą dotację państwową
mojna dostach dobrAWN dotats-yeh pan-yuhstvovAWN

It's a deal
Zgoda
zgoda

I'll have to check that with my chairman
Muszę sprawdzić to z moim prezesem
moosheh spravjeech to z mo-eem prezesem

I'll get back to you on that
Wrócimy do tego
vroocheemi do tego

Our quote will be with you very shortly
Pan (*to a man*)/pani (*to a woman*) wkrótce otrzyma naszą wycenę
pan/panee vkrootseh otjima nashAWN vitseneh

We'll send it by fax
Prześlemy to faks
psheshlemi to faks

We'll send them airfreight
Prześlemy je lotniczo
psheshlemi yeh lotneecho

It's a pleasure to do business with you
Miło z panem (*to a man*)/panią (*to a woman*) robić interesy
meewo z panem/pan-yAWN robeech interesi

We look forward to a mutually beneficial business relationship
Spodziewamy się obustronnie korzystnej współpracy
spojevami sheh oboostron-yeh kojistnay vspoowuhpratsi

What's your fax number/email address?
Jaki jest Pana (*to a man*)/Pani (*to a woman*) numer faksu/adres email?
yakee yest pana/panee noomer faksu/adres ee-meyl

Did you get my fax/email?
Czy otrzymał Pan (*to a man*)/czy otrzymała Pani (*to a woman*) mój
   faks/moją email?
chi otshimawuh pan/chi otshimawa panee mooy faks/mo-yAWN ee-meyl

Can I send an email/fax from here?
Czy mogę stąd wysłać email/faks?
chi mogeh stAWNnd wiswatch ee-meyl/faks

Please resend your fax
Proszę jeszcze raz przesłać faks
prosheh yeshtshe raz psheswatch faks

Can I use the photocopier/fax machine?
Czy mogę używać fotokopiarkę/faks?
chi mogeh oo-jiiwatch foto-kopyarkeh/faks

EATING OUT

Poles usually have their main meal of the day relatively early, between 3 and 5 pm. Restaurants, **restauracja** (*restawrats-ya*), fall into four categories: **kat.S** (very high standard), **kat.I**, **kat.II** and **kat.III**. In the better restaurants, you will now pay more but get a wider range of food. Most larger hotels have **kat.S** or **kat.I** restaurants. While small restaurants in the lower categories frequently offer high quality food, **kat.S** restaurants are known for their slow service. There are various other places where you can get food and drink:

Bar – offers both soft and alcoholic drinks, and snacks.

Mleczny bar (*mlechni bar*) – literally a 'milk bar' which is open during the day and where you can eat dishes based on dairy products, cereals, vegetables but no meat or fish. No alcoholic drinks are served. In the **mleczny bar** you go straight to the cashier, tell them what you want to eat, pay and take your receipt to the kitchen window. Then you are called to collect it. The **mleczny bar** is excellent value for money. The **Naleśniki z serem** (*naleshneekee zeh serem*) – pancakes with soft white cheese and sour cream – are well worth trying as are the different types of dumplings.

Cocktail bar – surprisingly these sell no alcoholic drinks, only milk shakes, cream cakes and ice cream.

Kawiarnia (*kav-yarn-ya*) – basically a café offering coffee, tea, soft and alcoholic drinks as well as pastries, cakes and often breakfasts and light snacks.

Winiarnia (*veen-yarn-ya*) – a wine bar. Food is not sold here.

Piwiarnia (*peev-yarn-ya*) – a bar that mainly sells beer. Again food is not usually served. Be careful of the company!

In addition to the traditional places, foreign fast-food chains can now be found in the larger towns.

Restaurants and most cafés have cloakroom facilities and you are expected to tip the cloakroom attendant as well as the toilet attendant. (Don't be surprised if you are asked to pay extra for toilet paper and the use of soap.)

USEFUL WORDS AND PHRASES

beer	piwo	_peevo_
bill	rachunek	_raHoonek_
bottle	butelka	_bootelka_
bowl	miska	_meeska_
cake	ciasto	_chasto_
chef	szef kuchni	_shef kooHnee_
coffee	kawa	_kava_
cup	filiżanka	_feeleeJanka_
fixed menu	obiad firmowy	_ob-yad feermovi_
fork	widelec	_veedelets_
glass	szklanka	_shklanka_
knife	nóż	_nooJ_
menu	menu,	_men-yoo,_
	jadłospis	_yadwospees_
milk	mleko	_mleko_
plate	talerz	_taleJ_
receipt	przepis	_pshepees_
sandwich	kanapka	_kanapka_
serviette	serwetka	_servetka_
snack	przekąska	_pshekAWNska_
soup	zupa	_zoopa_
spoon	łyżka	_wiJka_
sugar	cukier	_tsook-yer_
table	stolik	_stoleek_
tea	herbata	_Herbata_
teaspoon	łyżeczka	_wiJechka_
tip	napiwek	_napeevek_
vodka	wódka	_voodka_
waiter	kelner	_kelner_
waitress	kelnerka	_kelnerka_
water	woda	_voda_
wine	wino	_veeno_
wine list	karta win	_karta veen_

A table for one/two, please
Stolik dla jednej osoby/dwóch osób, proszę
stoleek dla yednay osobi/dvooH osoob prosheh

Can I see the menu?
Czy mogé poprosić o jadłospis?
chi mogeh poprosheech o yadwospees

Can I see the wine list?
Czy mogę poprosić o kartę win?
chi mogeh poprosheech o karteh veen

What would you recommend?
Co pan (*to a man*)/pani (*to a woman*) poleca?
tso pan/panee poletsa

Is this suitable for vegetarians?
Czy to się nadaje dla wegetarianinów?
chi to sheh nadaye dla vegetaryaneenoov

I'm allergic to nuts/shellfish
Jestem uczulony (*man*)/uczulona (*woman*) na orzechy/małże
yestem oochooloni/oochoolona na ojeHi/mawuhje

Do you do children's portions?
Czy ma Pan (*to a man*)/Pani (*to a woman*) porcje dla dzieci?
chi ma pan/panee portsye dla jyechee

Just a cup of coffee, please
Tylko kawę proszę
tilko kaveh prosheh

Waiter/waitress!
Proszę pana/panią!
prosheh pana/pan-yAWN

I only want a snack
Tylko przekąskę proszę
tilko pshek<u>AWN</u>skeh pr<u>o</u>sheh

Is there a set menu?
Czy jest obiad firmowy?
chi yest <u>o</u>b-yad feerm<u>o</u>vi

I didn't order this
Tego nie zamawiałem (*man*)/zamawiałam (*woman*)
t<u>e</u>go n-yeh zamav-<u>ya</u>wem/zamav-<u>ya</u>wam

May we/I have some more …?
Możemy/mogę poprosić o wjęcej …?
moj<u>e</u>mi/m<u>o</u>g<u>eh</u> popr<u>o</u>shech o v-y<u>EN</u>tsay

Can we have the bill, please?
Poproszę o rachunek
popr<u>o</u>sheh o ra<u>H</u>oonek

The meal was very good, thank you
Bardzo było smaczne, dziękuję
b<u>a</u>rdzo b<u>i</u>wo sm<u>a</u>chneh j<u>EN</u>k<u>oo</u>-yeh

---

THINGS YOU'LL SEE

restauracja	restaurant
samoobsługa	self-service
smacznego	enjoy your meal
szatnia	cloakroom
szatnia obowiązkowa	cloakroom obligatory
toaleta płatna 200 zł.	charge for toilet 200 złotys
toalety	toilets

MENU GUIDE

agrest	gooseberries
ananas	pineapple
arbuz	watermelon
babka	cake made with eggs and butter
bakalie	fruit and nuts
banan	banana
baranina	mutton, lamb
barszcz czerwony	beetroot soup
barszcz czysty	clear beetroot soup
barszcz ukraiński	beetroot soup with vegetables
barszcz zabielany	beetroot soup with sour cream
barszcz z uszkami	beetroot soup with small filled parcels of pasta
bawarka	milky tea
bażant	pheasant
befsztyk	beef steak
bezy	meringues
biała kiełbasa	white sausage – pork sausage with garlic
biały ser	white cheese
bigos	hunters' stew – sweet and sour cabbage with a variety of meats and seasonings
biszkopty	sponge fingers
bita śmietana	whipped cream
bitki wołowe	beef cutlets
bliny	blinis – small thick, rich pancakes
boczek	bacon
botwinka	young beet leaves, soup made from young beet leaves
bób	broad beans
brukiew	turnips
brukselki	brussel sprouts
bryndza	soft ewe's milk cheese
brzoskwinia	peach
budyń	custard-like pudding
bukiet z jarzyn	a variety of raw and pickled vegetables

bulion	broth
bulion z żółtkiem	broth with egg yolk
bułka	white bread
bułeczka	roll
buraki	beetroot
buraczki ze śmietaną	beetroot in soured cream
bryzol	grilled beef steak
cebula	onion
chleb	bread
chleb graham	granary-like bread
chleb razowy	wholemeal bread – usually rye
chleb żytni	rye bread
chłodnik	cold beet-leaf soup with soured milk or cream
chrust	twig-shaped fried dry biscuits
chrzan	horseradish
ciastko W-Z	individual chocolate cake filled with cream
ciasto	cake, pastry
ciasto francuskie	puff pastry
cielecina	veal
cocktail jagodowy	bilberry milk shake
cocktail malinowy	raspberry milk shake
cocktail mleczny	milk shake
cocktail truskawkowy	strawberry milk shake
cocktail z czarnej porzeczki	blackcurrant milk shake
cocktail z czerwonej porzeczki	redcurrant milk shake
comber barani w śmietanie	saddle of mutton in sour cream
comber zająca	saddle of hare
comber sarni	loin of venison
cukier	sugar
cukierek	sweet, confectionery
cykoria	endives
cynaderki	kidneys
cynamon	cinnamon
cytryna	lemon
Cytrynówka®	lemon-flavoured vodka
czarna porzeczka	blackcurrants
czekolada	chocolate

czereśnia	cherry
czosnek	garlic
daktyle	dates
dania mięsne	meat dishes
dania rybne	fish dishes
dania z drobiu	poultry dishes
dania z jaj	egg dishes
deser	dessert
dorsz	cod
drób	poultry
dropsy	fruit drops
duszone	braised
dynia	pumpkin
dziczyzna	game
dzik	wild boar
drożdżówka	brioche, Danish pastry
dżem	jam
farsz	stuffing
faszerowany	stuffed
fasola	beans, kidney beans
fasola szparagowa	French beans, string beans
fasolka po bretońsku	beans in tomato sauce
faworki	twig-shaped, fried, dry biscuits
figi	figs
filet cielecy	veal escalope
flądra	flounder
flaki	tripe
frytki	chips
galaretka	jelly
geś	goose
gofry	waffles
gołąbki	cabbage leaves stuffed with meat and rice
golonka	boiled leg of pork
gotowany	boiled
grejpfrut	grapefruit
grochówka	pea soup
groch włoski	chickpeas
groszek	peas
groszek z marchewką	peas and carrots
gruszka	pear

grzaniec z piwa	mulled beer
grzaniec z wina	mulled wine
grzanki	toast, croûtons, garlic bread
grzany miód	mulled mead
grzybki marynowane	marinated mushrooms
grzybki w śmietanie	mushrooms in sour cream
grzybki z patelni	fried mushrooms
grzyby	wild mushrooms
gulasz	goulash
halibut	halibut
hałwa	halva – dessert made with sesame seeds
herbata	tea
herbata po angielsku	tea with a drop of milk
herbata z cytryną	lemon tea
herbatniki	biscuits
homar	lobster
indyk	turkey
jabłko	apple
jabłko pieczone	baked apple
jagody	bilberries
jagnię	lamb
jajecznica	scrambled eggs
jajka na boczku	bacon and eggs
jajka na szynce	ham and eggs
jajka po wiedeńsku	soft-boiled eggs with butter served in a glass
jajka przepiórcze	quails' eggs
jajka sadzone	fried eggs
jajka sadzone na pomidorach	fried eggs and tomatoes
jajko	egg
jajko na miękko	soft-boiled egg
jajko na twardo	hard-boiled egg
jarski	vegetarian
Jarzębiak®	rowanberry-flavoured vodka
jarzyny	vegetables
jeżyny	blackberries
jogurt	yoghurt
kabanos	dried, smoked pork sausage
kaczka	duck

kaczka pieczona	roast duck
kaczka z jabłkami	duck stuffed with apples
kaczka z pomarańczą	duck with orange sauce
kakao	cocoa
kalafior	cauliflower
kalarepa	kohlrabi
kalmary	squid
kanapka	sandwich
kanie	parasol mushrooms
kapuśniak	cabbage soup
kapusta	cabbage
kapusta czerwona	red cabbage
kapusta kiszona	sauerkraut
karczochy	artichokes
karmazyn	haddock
karp	carp
karp na słodko z migdałami	carp in sweet almond sauce
karp po grecku	cold carp in onion and tomato sauce
karp w galarecie	carp in aspic
karp z wody	boiled carp
kartofelki sauté	sauté potatoes
kartoflanka	potato soup
kartofle	potatoes
kartofle w mundurkach	baked potatoes
kasza	any type of boiled grain or cereal
kasza gryczana	buckwheat
kasza jęczmienna	barley porridge
kasza manna	semolina
kasza perłowa	pearl barley
kaszanka	black pudding
kasztany	chestnuts
kawa	coffee
kawa duża	large coffee
kawa mała	small coffee
kawa mrożona	iced coffee
kawa po staropolsku	traditional Polish-style coffee containing spices
kawa z bitą śmietaną	coffee with whipped cream
kawa ze śmietanką	coffee with cream
kawior	caviar

kefir	drinking yoghurt
kieliszek wódki	glass of vodka
kiełbasa	sausage
kiełbasa myśliwska	hunters' sausage – smoked pork
kiełbasa na gorąco	hot sausage
kisiel	a thickened kind of jelly
klopsiki	minced meatballs
klopsiki w sosie pomidorowym	minced meatballs in tomato sauce
klopsy	minced meatballs
kluski	dumplings, noodles
kluski kartoflane	potato dumplings
kluski kładzione	flour dumplings
kminek	caraway seed
knedle	plum dumplings
kołacz	rich cake made with eggs and butter
kołduny	meatballs made of minced lamb or mutton and boiled
kompot	stewed fruit, compote
konfitury	jam, preserves
koniak francuski	cognac
koniak gruziński	Georgian brandy
koper	dill
kopytka	potato dumplings
kotlet	chop, cutlet
kotlet barani	mutton chop
kotlet cielecy	veal cutlet
kotlet de volaille	breaded fried chicken
kotlet jarski	vegeburger – usually made from eggs and vegetables
kotlet mielony	minced meat burger
kotlet schabowy z kapustą	pork cutlet with cabbage
kotlet siekany	hamburger steak
kotlet wieprzowy	pork chop
kotlet wołowy	beef cutlet
krem z czekoladą	cream sprinkled with chocolate
kremówka	a type of millefeuille cake, custard slice
krewetki	shrimps
krokiety	croquettes

kromka chleba	slice of bread
królik	rabbit
krupnik	barley soup, spiced hot mead
kukurydza	corn on the cob
kulebiak	pie with meat, fish or cabbage
kura	chicken
kura w potrawce	fricassée of chicken
kura w rosole	chicken served in broth
kurczę po polsku	roast chicken stuffed with liver and bread
kurczak pieczony	roast chicken
kurki	chanterelle mushrooms
kuropatwa	partridge
kwaśne mleko	sour milk
kwaśny	sour
lemoniada	lemonade
leniwe pierogi	dumplings with white cheese
leszcz	bream
likier	liqueur
lody	ice cream
lody bakaliowe	tutti-frutti ice cream
lody czekoladowe	chocolate ice cream
lody kawowe	coffee ice cream
lody mieszane	mixed ice cream
lody truskawkowe	strawberry ice cream
lody waniliowe	vanilla ice cream
lody z bitą śmietaną	ice cream with whipped cream
łazanki	dish similar to lasagne
łosoś	salmon
łosoś wędzony	smoked salmon
majeranek	marjoram
majonez	mayonnaise
makaron	macaroni, pasta
makaron z jajkami	macaroni with fried eggs
makowiec	poppy seed cake
makrela	mackerel
maliny	raspberries
mandarynki	tangerines
marchew	carrot
margaryna	margarine
marynata	marinade

marynowany	marinated
masło	butter
masło roślinne	hard margarine made from vegetable oil
maślaki	large-cap wild mushrooms
maślanka	buttermilk
mazurek	a kind of thin cake
mazurek cygański	thin cake with nuts, chocolate and dried fruit
melba	ice cream with fruit and whipped cream
melon	melon
mielonka	a type of luncheon meat
mielony	minced
mięso	meat
migdały	almonds
migdały prażone	roasted almonds
migdały w soli	salted almonds
miód	honey
miód pitny	mead
mizeria	cucumber in sour cream
mleko	milk
mocno wysmażony	well-done
morele	apricots
mostek cielęcy	veal brisket
móżdżek	brains
mrożonka	frozen food
mrożony	iced, frozen
murzynek	chocolate cake
mus jabłeczny	apple mousse
mus owocowy	fruit mousse
musztarda	mustard
Myśliwska wódka®	hunters' juniper-berry flavoured vodka
nadzienie	stuffing
naleśniki	pancakes
naleśniki z bakaliami w sosie czekoladowym	pancakes with fruits and nuts in chocolate sauce
naleśniki z dżemem	jam pancakes
naleśniki z jabłkiem	pancakes with apple purée

naleśniki z kapustą i grzybami	pancakes with cabbage and mushrooms
naleśniki ze serem	pancakes with white cheese and sour cream
napoleonka	a type of millefeuille cake, custard slice
nerki	kidneys
nóżki w galarecie	calf's foot jelly
obwarzanek	cracknel
ocet	vinegar
ogórek	cucumber
ogórek kiszony	cucumber pickled in brine
ogórek małosolny	cucumber pickled for a short time in brine
ogórek konserwowy	pickled gherkins in vinegars
olej	oil
olej rzepakowy	rapeseed oil
olej słonecznikowy	sunflower oil
oliwa	olive oil
oliwki	olives
omlet	omelette
omlet z dżemem	jam omelette
omlet z groszkiem	omelette with peas
omlet z grzybami	mushroom omelette
omlet z szynką	ham omelette
omlet ze serem	cheese omelette
omlet ze szpinakiem	spinach omelette
oszczypek	smoked ewes' milk cheese
orzechy włoskie	walnuts
orzeszki	peanuts
orzeszki laskowe	hazelnuts
owoce	fruit
ozorki cielece	veal tongue
ozór	tongue
paluszki słone	salted cracknel sticks
panierowany	in breadcrumbs
papryka	paprika
papryka zielona	green peppers
parówki	frankfurters
pascha	cold zabaglione-like dessert made with beaten egg yolks and sugar

paszteciki	savoury pastries
paszteciki z grzybkami	pastries filled with mushrooms
paszteciki z kapustą	pastries filled with cabbage
paszteciki z mięsem	pastries filled with meat
pasztet	terrine, pâté
pasztetówka	liver sausage
pączki	doughnuts
pieczarki	button mushrooms
pieczarki z patelni	button mushrooms sautéed in butter
pieczarki ze śmietaną	button mushrooms in sour cream
pieczeń barania	roast mutton
pieczeń cieleca	roast veal
pieczeń wieprzowa	roast pork
pieczeń wołowa	roast beef
pieczeń z dzika	roast wild boar
pieprz	pepper
Pieprzówka®	pepper-flavoured vodka
piernik	spiced honeycake
pierogi	ravioli-like dumplings
pierogi leniwe	dumplings filled with cheese
pierogi ruskie	dumplings filled with cheese and potatoes
pierogi z jagodami	dumplings filled with bilberries
pierogi z mięsem	dumplings filled with meat
pierogi z mięsem i kapustą	dumplings filled with meat and cabbage
pierogi z wiśniami	dumplings filled with cherries
pietruszka	parsley
pikantny	spicy
piwo	beer
placek	tart
placek ze śliwkami	plum tart
placki kartoflane/ziemniaczane	hash browns – burgers made from grated potato
płatki owsiane	porridge oats
po angielsku	rare
polędwica	sirloin
polędwica po angielsku	roast fillet of beef
polędwica sopocka	smoked fish fillet
pomarańcza	orange
pomidor	tomato

pory	leeks
porter	stout
porzeczka czarna	blackcurrants
porzeczka czerwona	redcurrants
powidła	plum jam purée
poziomki	wild strawberries
prawdziwki	ceps – type of wild mushrooms
precelki	pretzels
przecier	purée
przekładaniec	layer cake
przepiórki	quail
przystawki	entrées
przyprawy	seasonings
pstrąg	trout
pstrąg z wody	poached trout
ptyś	cream puff
pyzy	large dumplings
rabarbar	rhubarb
racuszki	kind of pancake with apple
rak	crayfish
ratafia	fruit liqueur
renklody	greengages
rizotto z drobiu	chicken risotto
rodzynki	raisins
rolmopsy	rollmop herrings
rosół	broth
rosół z wkładką	broth with pieces of meat
rozbef	roast beef
rozmaryn	rosemary
rumsztyk	rumpsteak
ryba	fish
ryba w galarecie	fish in aspic
rydze	saffron milk cap mushrooms (wild)
ryż	rice
rzodkiewki	radishes
salceson	brawn
sałata zielona	lettuce
sałatka	salad
sałatka owocowa	fruit salad
sandacz	perch
sardynki	sardines

sarnina	deer
sauté	sautéed, shallow-fried
schab	joint of pork
schabowy	pork cut from the joint
ser biały	white cheese
ser topiony	cheese spread
ser żółty	hard cheese
sernik	cheesecake
sezamki	sesame seeds
sękacz	fancy layer cake
seler	celery
serdelki	kind of sausage eaten hot
siekany	chopped
skwarki	crackling
słodki	sweet
smażony	fried
sok	juice
sok ananasowy	pineapple juice
sok grejpfrutowy	grapefruit juice
sok jabłkowy	apple juice
sok owocowy	fruit juice
sok pomarańczowy	orange juice
sok pomidorowy	tomato juice
sok z czarnej porzeczki	blackcurrant juice
sola	sole
solony	salted
Soplica®	flavoured, dry vodka
sos	sauce, gravy
sos chrzanowy	horseradish sauce
sos czekoladowy	chocolate sauce
sos grzybowy	wild mushroom sauce
sos pieczarkowy	button mushroom sauce
sos waniliowy	vanilla sauce
sos własny	meat juices
sól	salt
stefanka	chocolate and vanilla cream layer cake
stek	steak
strucla	twist of bread
surówka	crudités, raw vegetables
surówka z marchwi	grated raw carrot
surowy	raw

suszone śliwki	prunes
szampan	champagne
szaszłyk	mutton kebab
szaszłyk z polędwicy	beef barbecued on a skewer with onions
szarlotka	apple cake, apple charlotte
szczaw	sorrel
szczupak	pike
szczypiorek	chives
sznycel cielęcy	veal escalope
sznycel po wiedeńsku	pork escalope with fried egg
szparagi	asparagus
szpinak	spinach
szpinak z jajkiem	spinach and eggs
szprotki	sprats
sztuka mięsa	boiled beef
sztuka mięsa w sosie chrzanowyn	boiled beef in horseradish sauce
szynka	ham
szynka gotowana	cooked ham
szynka wędzona	smoked ham
śledź	herring
śledź marynowany	marinated herring
śledź po japońsku	herring with hard-boiled egg and mayonnaise
śledź w oleju	herring in oil
śledź w śmietanie	herring in sour cream
śliwki	plums
śliwki węgierki	damsons
śmietana	sour cream
śmietanka	cream
tarty	grated
tarty ser	grated cheese
tatar	steak tartare – raw minced beef with a raw egg
tonik	tonic water
tort	cake, gâteau
tort kakaowy	chocolate cake
tort kawowy	coffee cake
tort orzechowy	nut cake
truskawki	strawberries
trunek	alcoholic drink

tuńczyk	tuna fish
twarożek	soft white cream cheese, fromage blanc
tymianek	thyme
uszka	small parcels of pasta filled with cabbage and mushrooms
wafle	wafers
wanilia	vanilla
wątroba	liver
wątróbki po żydowsku	cold cooked liver with onion and egg
wędzony	smoked
węgorz	eel
węgorz wędzony	smoked eel
wieprzowina	pork
Winiak®	Polish brandy
wino	wine
wino białe	white wine
wino deserowe	dessert wine
wino czerwone	red white
wino musujące	sparkling wine
wino pół wytrawne	medium-dry wine
wino słodkie	sweet wine
wino wytrawne	dry wine
winogrona	grapes
Wiśniak®	medium-sweet cherry-flavoured vodka
wiśnie	cherries
Wiśniówka®	sweet cherry-flavoured vodka
woda	water
woda mineralna	mineral water
woda sodowa	soda water
wódka	vodka
wołowina	beef
Wyborowa®	dry clear vodka
zając	hare
zając w śmietanie	roast hare in sour cream
zakąski	snacks
zalewajka	potato and rye soup
zapiekanka	baked cheese dish, gratin
ziemniaki	potatoes
zioła	herbs
zrazy naturalne	fillets of beef

zrazy zawijane	fillets of beef wrapped round bacon and pickled cucumber
zsiadłe mleko	sour milk
zupa	soup
zupa fasolowa	bean soup
zupa grochówka	pea soup
zupa grzybowa	mushroom soup
zupa jarzynowa	vegetable soup
zupa kapuśniak	cabbage soup
zupa kartoflanka	potato soup
zupa mleczna	milk-based soup
zupa ogórkowa	cucumber soup
zupa pomidorowa	tomato soup
zupa pomidorowa z ryżem	tomato soup with rice
zupa szczawiowa	sorrel soup
z rusztu	grilled
z wody	poached
żeberka	spareribs
żółty ser	hard cheese
Żubrówka®	vodka with a blade of bison grass in the bottle
żurawina	cranberries
żurek	sour rye-flour soup
Żytnia®	clear dry vodka

SHOPPING

The opening hours of Polish shops vary: as a rough guideline, most food shops are open from 7 am to 7 pm; most other shops are open from 10 or 11 am to 7 or 8 pm. Most shops are closed on Sundays. The number of state-owned shops has greatly declined. The privately-owned ones have widely-varying prices as the shopkeepers feel their way in the new market economy.

The tourist might find **CEPELIA** shops particularly attractive as they sell leather goods, textiles and wooden articles which are very characteristic of Polish folklore and handicrafts with their rich motifs and colours. Jewellery is also a specialized craft in Poland – especially silver. Although a number of shops, both privately and state-owned, sell a choice of silver articles, the specialist silver shop is **ORNO** and it is considerably more expensive than most. **DESA** hold the antiques market but if you buy anything there, do be careful. Make sure you are allowed to export it and won't be landed with enormous export duties.

Cosmetics and toiletries can be bought either at a **perfumeria** (*perfoomer-ya*) or a **drogeria** (*droger-ya*). Some of the Polish facial creams, though little known in the West, are excellent. An **apteka** (*apteka*) will sell you cotton wool, sanitary towels, medicines and a wide variety of herb teas. For stationery, go to the **sklep papierniczy** (*sklep pap-yerneechi*), a paper shop. Here you can buy exercise books, pencils, all sorts of writing and drawing materials but not newspapers or magazines. For these you will have to find a shop marked **prasa** (*prasa*) or a **kiosk RUCH** (*kee-osk rooH*) which will also sell tram and bus tickets, the occasional shampoo or bar of soap, a toy or two, a rainhat …

One final word of advice: be patient and open-minded. Don't set your heart on any one particular article. See what the shops have to offer before making a list. Lastly, remember that there was a currency reform in 1995 and the old 10,000 **złoty** is now 1 **złoty**. You may see prices in both currencies, so check!

Useful Words and Phrases

baker	piekarnia	p-yekarn-ya
bookshop	księgarnia	kshENgarn-ya
butcher	sklep mięsny	sklep m-yENsni
buy	kupić	koopeech
cake shop	cukiernia	tsook-yern-ya
cheap	tani	tan-yee
chemist	apteka	apteka
dairy	mleczarnia	mlecharn-ya
delicatessen	delikatesy	deleekatesi
department store	dom towarowy	dom tovarovi
fashion	moda	moda
fishmonger	sklep rybny	sklep ribni
florist	kwiaciarnia	kv-yach-yarn-ya
greengrocer	sklep warzywny, warzywniczy	sklep vajivni, vajivn-yeechi
grocer's	sklep spożywczy	sklep spojivchi
handicrafts	artykuły rzemieślnicze	artikoowi Jem-yeshuhlneecheh
jeweller's	jubiler	yoobeeler
laundry	pralnia	praln-ya
menswear	odzież męska	ojeJ mENska
newsagent	prasa	prasa
off-licence	sklep monopolowy	sklep monopolovi
receipt	paragon, kwitek	paragon, kveetek
record shop	sklep z płytami	sklep z pwitamee
sale	wyprzedaż, przecena	vipshedaJ, pshetsena
shoe repairs	szewc	shevts
shoe shop	sklep obuwniczy	sklep oboovneechi
shop	sklep	sklep
shop (verb)	robić zakupy	robeech zakoopi
souvenir shop	sklep z pamiątkami	sklep z pam-yAWNtkamee
special offer	okazja	okaz-ya

spend	wydawać	*widavach*
stationer	sklep papierniczy	*sklep pap-yern-yeechi*
supermarket	sklep samo-obsługowy, Sam	*sklep samo-obswoogovi, sam*
tailor	krawiec	*krav-yets*
till	kasa	*kasa*
toy shop	sklep z zabawkami	*sklep z zabavkamee*
travel agent	biuro podróży	*b-yooro podrooji*
watchmaker	zegarmistrz	*zegarmeestsh*
women's wear	odzież damska	*ojej damska*

I'd like …
Proszę …
prosheh

Do you have …?
Czy ma pan (*to a man*)/pani (*to a woman*) …?
chi ma pan/panee

How much is this?
Ile to kosztuje?
eeleh to koshtoo-yeh

Where is the … department?
Gdzie jest dział z …?
gjeh yest jawuh z

Do you have any more …?
Czy ma pan (*to a man*)/pani (*to a woman*) jeszcze …?
chi ma pan/panee yesh-cheh

I'd like to change this, please
Chciałbym (*man*)/Chciałabym (*woman*) to wymienić
Hchawuhbim/Hchawabim to vim-yen-yeech

Have you anything cheaper?
Czy jest coś tańszego?
chi yest tsosh tan-yushego

Have you anything larger/smaller?
Czy są większe/mniejsze rozmiary?
chi SAWN v-yENksheh/mn-yaysheh rozm-yari

Does it come in other colours?
Czy są inne kolory?
chi SAWN eeneh kolori

Could you wrap it for me?
Czy może pan (*to a man*)/czy pani (*to a woman*) to zapakować?
chi moje pan/panee to za-pakovach

Can I have a receipt?
Czy mogę otrzymać paragon?
chi mogeh otshimach paragon

Can I have a carrier bag, please?
Poproszę o reklamówkę
poprosheh o reklamoovkeh

Can I try it (them) on?
Czy można przymierzyć?
chi mojna pshim-yejich

Where do I pay?
Gdzie się płaci?
gjeh sheh pwachee

Can I have a refund?
Proszę o zwrot
prosheh o zvrot

I'm just looking
Chcę tylko popatrzyć
Htseh tilko popatshich

I'll come back later
Jeszcze wrócę
yesh-cheh vrootseh

Show me …
Proszę mi pokazać …
prosheh mee pokazach

THINGS YOU'LL SEE

artykuły chemiczne	household cleaning materials
artykuły pościelowe	bed linen
artykuły spożywcze	groceries
bielizna	underwear, bed linen
biuro podróży	travel agent
biżuteria	jewellery
cena	price
cukiernia	cake shop
dom towarowy	department store
drogeria	cosmetics and toiletries shop
dział	department
dział damski	women's department
galanteria skórzana	leather goods
jubiler	jeweller's
kasa nie zwraca pieniedzy	we cannot give cash refunds
kiosk RUCH	newspaper kiosk
konfekcja	ready-to-wear clothing
księgarnia	bookshop
lody	ice cream shop
moda	fashion
obniżka	reduced

→

odzież damska	women's clothing
odzież męska	menswear
okazja	bargain
parter	ground floor
pasmanteria	haberdashery
piekarnia	bakery
piętro	floor
prasa	newspaper shop
proszę nie dotykać	please do not touch
remanent	stocktaking
samoobsługa	self-service
sklep mięsny	butcher
sklep obuwniczy	shoe shop
sklep papierniczy	stationer
sklep z futrami	fur shop
tani	cheap
warzywa	vegetables
wejście tylko z koszykiem	please take a basket

THINGS YOU'LL HEAR

Czy ma pan/pani drobne?
Have you any change?

Słucham?
Can I help you?

Niestety wszystko sprzedane
I'm sorry, we're out of stock

To wszystko co mamy
This is all we have

Jeszcze coś?
Will there be anything else?

AT THE HAIRDRESSER

Women's hairdressers frequently have a beauty parlour on the premises. Most hairdressers are now similar to their Western counterparts and will have foreign brands of shampoos and beauty products although there are also Polish brands.

USEFUL WORDS AND PHRASES

appointment (*to make*)	zamówić wizytę	zam_oo_veech veez_i_teh
beard	broda	br_o_da
blond	blond	blond
brush	szczotka do włosów	sh-ch_o_tka do v-w_o_soov
comb	grzebień	g_je_b-yen-yuh
conditioner	odżywka	odj_i_vka
curlers	lokówki	lok_oo_vkee
curling tongs	rurki do fryzowania	r_oo_rkee do frizov_a_n-ya
curly	kręte	kr_EN_teh
dark	ciemny	ch_e_mni
fringe	grzywka	g_ji_vka
gel	żel	jel
hair	włosy	v-w_o_si
haircut	strzyżenie	st-j_i_j_en_-yeh
hairdresser (*man*)	fryzjer	fr_i_z-yer
(*woman*)	fryzjerka	friz-y_e_rka
hairdryer	suszarka do włosów	soosh_a_rka do v-w_o_soov
hair lacquer	lakier do włosów	l_a_k-yer do v-w_o_soov
highlights	pasemka	pas_e_mka
long	długie	dw_oo_g-yeh
moustache	wąsy	v_AWN_si
parting	przedziałek	pshej_a_wek
perm	trwała	trv_a_wa

shampoo	szampon	*shampon*
shave	golenie	*golen-yeh*
shaving cream	krem do golenia	*krem do golen-ya*
short	krótkie	*krootk-yeh*
wavy	falujące	*faloo-yAWNtseh*

I'd like to make an appointment
Chciałbym (*man*)/chciałabym (*woman*) zamówić wizytę
нchawuhbim/нchawabim zamooveech veeziteh

Just a trim, please
Proszę tylko przystrzyc
prosheh tilko pshistjits

Not too much off
Nie za krótko
n-yeh za krootko

A bit more off here, please
Trochę krócej tutaj, proszę
troнeh krootsay tooti prosheh

I'd like a cut and blow-dry
Proszę obciąć i wymodelować na szczotkę
prosheh obchAWNch ee vimodelovach na sh-chotkeh

I'd like a perm
Chciałbym (*man*)/chciałabym (*woman*) zrobić trwałą
нchawuhbim/нchawabim zrobeech trvaw-AWN

I'd like highlights
Chciałbym (*man*)/chciałabym (*woman*) pasemka
нchawuhbim/нchawabim pasemka

THINGS YOU'LL SEE

fryzjer/fryzjerka	hairdresser, hair stylist
fryzjer damski	women's hairdresser
fryzjer męski	men's hairdresser
golenie	shave
mycie	wash
mycie i ułożenie włosów	wash and set
płukanka koloryzująca	tint
salon fryzjerski	hairdressing salon
sucho	dry
trwała	perm
układanie na szczotkę	blow-dry
ułożenie włosów	set

THINGS YOU'LL HEAR

Jak pan/pani sobie życzy?
How would you like it?

Czy to jest wystarczająco krótko?
Is that short enough?

Czy chiałby pan/chciałaby pani odżywkę?
Would you like any conditioner?

SPORT

If you are looking for golf or cricket – forget it! But there are
many other sports and pastimes to compensate. Although the
Baltic is, on the whole, a cold and polluted sea, it is possible to
swim during summer and some of the beaches, with their long
stretches of sand and pine forests, are worth a visit. The lakes
offer various water sports as well as tranquil surroundings for
fishing. It is worth noting, however, that a special permit –
zezwolenie (*zezvolen-yeh*) – may be required for fishing as
well as for hunting – another well-loved Polish pastime. The
tourist office – **biuro turystyczne** (*b-yooro tooristichneh*) – will
tell you where to apply for one but it may save you time and
trouble to enquire beforehand when buying your ticket.

As well as hunting, the forests and mountains are ideal for
hiking and horse-riding and there is also a popular ski resort,
Zakopane, in the Tatra mountains. In towns, you'll find sports
centres with tennis and volleyball courts, athletics tracks and
swimming pools – although there are few pools and they are
not particularly clean. Some outdoor pools have a **solarium**
which is a closed-off area for sunbathing. The Poles, themselves,
are keen spectators of football, boxing and athletics.

USEFUL WORDS AND PHRASES

athletics	lekkoatletyka	*lekko-atletika*
badminton	badminton	*badmeenton*
ball	piłka	*peewuhka*
basketball	koszykówka	*koshikoovka*
beach	plaża	*plaja*
bicycle	rower	*rover*
boxing	boks	*boks*
canoe	kajak	*kı-ak*
canoeing	kajakarstwo	*kı-akarstvo*
car races	wyścigi samochodowe	*vish-cheegee samoнodoveh*
cycle races	zawody kolarskie	*zavodi kolarsk-yeh*
deck chair	leżak	*lejak*

diving board	trampolina	*trampoleena*
fishing	wędkarstwo,	*vendkarstvo,*
	łowienie ryb	*wov-yen-yeh rib*
	na wędkę	*na vendkeh*
fishing rod	wędka	*vendka*
football	piłka nożna	*peewuhka nojna*
football match	mecz piłki nożnej	*mech peewuhkee nojnay*
goggles	gogle	*gogleh*
gymnastics	gimnastyka	*geemnastika*
hockey	hokej	*Hokay*
horse races	wyścigi konne	*vish-cheegee koneh*
horse-riding	jazda konna	*yazda kona*
hunting	polowanie	*polovan-yeh*
lake	jezioro	*yejoro*
life belt	koło ratunkowe	*kowo ratoonkoveh*
mountaineering	taternictwo,	*tatern-yeetstvo,*
	wspinaczka górska	*vspeenachka goorska*
racket	rakieta	*rak-yeta*
row	wiosłować	*v-yoswovach*
rowing boat	łódź wiosłowa	*wooj v-yoswova*
run (*verb*)	biegać	*b-yegach*
sail boat	żaglówka	*jagloovka*
sailing	żeglarstwo	*jeglarstvo*
sand	piasek	*p-yasek*
sea	morze	*mojeh*
skate (*verb*)	jeździć na łyżwach	*yeshı-jeech na wijvaH*
skates	łyżwy	*wijvi*
skiing	narciarstwo	*narcharstvo*
skis	narty	*narti*
speedway	zawody żużlowe	*zavodi joojloveh*
stadium	stadion	*stad-yon*
sunshade	parasol	*parasol*
swim (*verb*)	pływać	*pwivach*
swimming pool	basen, pływalnia	*basen, pwivaln-ya*
(*indoor pool*)	kryty basen	*kriti basen*
tennis	tenis	*tenees*

tennis court	kort tenisowy	*kort teneesovi*
tennis racket	rakieta tenisowa	*rak-yeta teneesova*
volleyball	siatkówka	*shatkoovka*
walking	spacerowanie	*spatserovan-yeh*
water-skiing	narciarstwo wodne	*narcharstvo vodneh*
water-skis	narty wodne	*narti vodneh*
wave	fala	*fala*
wet suit	kombinezon piankowy	*kombeenezon p-yankovi*

How do I get to the beach?
Jak się idzie do plaży?
yak sheh eejeh do plaji

How deep is the water here?
Jak tu jest głęboko?
yak too yest gwENboko

Is there an indoor/outdoor pool here?
Czy jest tu kryty/otwarty basen?
chi yest too kriti/otvarti basen

Is it safe to swim here?
Czy jest tu bezpiecznie pływać?
chi yest too bezp-yechn-yeh pwivach

Can I fish here?
Czy wolno tu łowić ryby?
chi volno too woveech ribi

Do I need a licence?
Czy potrzebne jest zezwolenie?
chi potshebneh yest zezvolen-yeh

I would like to hire a sunshade
Chciałbym (*man*)/Chciałabym (*woman*) wypożyczyć parasol
Hchawuhbim/Hchawabim vipojichich parasol

How much does it cost per hour/day?
Ile kosztuje za godzinę/dzień?
eeleh koshtoo-yeh za gojeeneh/jen-yuh

I would like to take skiing lessons
Czy można wziąść lekcje jazdy na nartach?
chi mojna vshawnsh-ch lekts-yeh yazdi na nartaн

Where can I hire …?
Gdzie można wypożyczyć …?
gjeh mojna vipojich

THINGS YOU'LL SEE

bilety	tickets
boisko piłkarskie	football ground
do wynajęcia	for hire
kąpiel wzbroniona	no swimming
kort tenisowy	tennis court
łowienie ryb wzbronione	no fishing
ośrodek sportowy	sports centre
pierwsza pomoc	first aid
plaża	beach
polowanie wzbronione	no hunting
port	port
rowery	bicycles
ścieżka rowerowa	cycle path
skakanie do wody wzbronione	no diving
sporty wodne	water sports
stadion	stadium
szlak turystyczny	tourist footpath
tor wyścigowy	race course
wyciąg	ski lift
żaglówki	sailing boats

POST OFFICES AND BANKS

Post offices – **Poczta/Urząd Pocztowy** (*pochta/ooJAWND pochtovi*) – in Poland may have a **PTT** (**poczta, telegraf, telefon**) sign outside. They provide telephone and telegram services, as well as postal facilities. Main railway stations also provide some postal services 24 hours a day. Central post offices are open from 8 am to 8 pm, others close at 6 pm. Not all deal with international parcels: for this, you will have to go to a special, larger post office with a customs office, where you can also have your parcel wrapped. When collecting mail, always take your passport with you for identification. Note that green letter boxes are for local mail and red ones for all other mail.

Banks are usually open Monday–Friday 7.30 am to 5 pm and Saturdays to 2 pm. There are several places where money can be changed: banks, the airport, exchange offices – **kantor walutowy** (*kantor valootovi*) – the Orbis travel agency and bureaux de change in larger hotels. The hours of these offices vary but the receptionist at your hotel should be able to tell you where the nearest ones can be found and what the opening hours are. Do not hurry to exchange a large amount of money at the beginning of your trip as foreign 'hard' currency still has a unique purchasing power in Poland. Tips in foreign currency are always welcomed.

The Polish unit of currency is the **złoty** (*zwoti*), also known as **złotówka** (*zwotoovka*). Do not change money with individuals on the streets: they might offer you marginally better rates than exchange offices, but you may well get counterfeit notes.

USEFUL WORDS AND PHRASES

airmail	poczta lotnicza	*pochta lotneecha*
bank	bank	*bank*
banknote	banknot	*banknot*
change (*verb*)	wymienić	*vim-yen-yeech*
cheque	czek	*chek*
counter	kontuar, lada	*kontoo-ar, lada*

customs form	formularz celny	*form__oo__laj ts__e__lni*
delivery	roznoszenie	*roznosh__en__-yeh*
deposit	depozyt	*dep__o__zit*
exchange rate	kurs wymiany	*koors vim-y__a__ni*
fax	faks	*faks*
form	formularz	*form__oo__laj*
international	międzynarodowy	*m-y__EN__dzinarod__o__vi*
money order	przekaz pieniężny	*psh__e__kaz p-yen-y__ENJ__ni*
letter	list	*leest*
letter box	skrzynka pocztowa	*skj__i__nka pocht__o__va*
mail (*noun*)	poczta, przesyłka	*p__o__chta, pshes__i__wuka*
money order	przekaz pieniężny	*psh__e__kaz p-yen-y__ENJ__ni*
package, parcel	paczka	*p__a__chka*
post	poczta	*p__o__chta*
postage rates	opłata pocztowa	*opw__a__ta pocht__o__va*
postal order	przekaz pieniężny	*psh__e__kaz p-yen-y__ENJ__ni*
postcard	pocztówka	*pocht__oo__vka*
postcode	kod pocztowy	*kod pocht__o__vi*
poste restante	poste restante	*post rest__a__nt*
postman	listonosz	*leeston__o__sh*
post office	poczta, urząd	*p__o__chta, __oo__jAWNd*
	pocztowy	*pocht__o__vi*
pound sterling	funt szterling	*foont sht__e__rleeng*
registered letter	list polecony	*leest polets__o__ni*
stamp	znaczek	*zn__a__chek*
surface mail	przesyłka zwykła	*pshes__i__wuka zv__i__kwa*
telegram	telegram	*tel__e__gram*
traveller's cheque	czek podróżny	*czek podr__oo__jni*

How much is a letter/postcard to …?
Ile kosztuje list/pocztówka do …?
__ee__leh kosht__oo__-yeh leest/pocht__oo__vka do

I would like three 500 złoty stamps
Trzy znaczki po pięćset złotych proszę
tshi zn__a__chkee po p-y__EN__chset zw__o__tiH pr__o__sheh

89

I want to register this letter
Chcę to nadać jako list polecony
Htseh to nadach yako leest poletsoni

I want to send this parcel to ...
Chcę wysłać tą paczkę do ...
Htseh viswach TAWN pachkeh do

How long does the post to ... take?
Jak długo idzie poczta do ...?
yak dwoogo eejeh pochta do

Where can I post this?
Gdzie mogę to wysłać?
gjeh mogeh to viswach

Is there any mail for me?
Czy jest dla mnie poczta?
chi yest dla mn-yeh pochta

I'd like to send a telegram
Chcę wysłać telegram
Htseh viswach telegram

This is to go airmail
Chcę to nadać pocztą lotniczą
Htseh to nadach pochtAWN lotneechAWN

I'd like to change this into ...
Chcę to wymienić na ...
Htseh to vim-yen-yeech na

Can I cash these traveller's cheques?
Czy mogę wymienić te czeki podróżne?
chi mogeh vim-yen-yeech teh chekee podroojneh

What is the exchange rate for the pound?
Jaki jest kurs za funta?
yakee yest koors za foonta

THINGS YOU'LL SEE

adres	address
adresat	addressee
druk	printed matter
ekspres	express
kantor walutowy	exchange office
kod pocztowy	postal code
list	letter
list polecony	registered mail
miejsce	place
nadawca	sender
opłata	charge
opłata krajowa	inland postage
opłata pocztowa	postage
otwarte od 8 ej do 20 tej	opening hours from 8 am to 8 pm
paczka	packet
paczki	parcels counter
poczta	post office, post
poczta lotnicza	airmail
pocztówka	postcard
przekazy pieniężne	money orders, postal orders
skrzynka pocztowa	letter box
telegramy	telegrams
wymiana walut	money exchange
wypełnić	to fill in
zagraniczna	abroad
znaczek/znaczki	stamp/stamps

COMMUNICATIONS

Payphones in Poland are generally not very reliable: it is often better to go to a post office instead, especially if you want to make an international call. Phonecards are being introduced but they are not standard and a card that works in one part of the country may not work somewhere else. Some payphones also take tokens – there are two kinds, for local or long-distance calls. Do not insert one until the phone is picked up at the other end. Cards and tokens can be bought at **RUCH** kiosks and post offices. You can also phone from some cafés and restaurants or from your hotel. Direct dialling to the UK is available and the code is 00 44. The tones in Poland are as follows: dialling tone – the same as in the UK; ringing tone – repeated long tones; engaged tone – repeated short tones.

USEFUL WORDS AND PHRASES

ambulance	karetka pogotowia	_karetka pogotov-ya_
call (*noun*)	rozmowa telefoniczna	_rozmova telefoneechna_
call (*verb*)	zadzwonić, zatelefonować	_zadzvoneech, zatelefonovach_
code	kod	_kod_
dial (*verb*)	kręcić	_krENcheech_
dialling tone	sygnał	_signawuh_
email address	adres email	_adres eemeyl_
enquiries	informacja	_eenformats-ya_
extension	wewnętrzny	_vevnENtshni_
fire brigade	straż pożarna	_straj pojarna_
international call	rozmowa między-narodowa	_rozmova m-yENdzi-narodova_
mobile phone	telefon komórkowy	_telefon komoorkovi_
number	numer	_noomer_
operator	centrala	_tsentrala_
payphone	automat telefoniczny	_awtomat telefoneechni_

police	policja	*poleets-ya*
receiver	słuchawka	*swooHavKa*
reverse charge call	rozmowa R	*rozmova err*
telephone	telefon	*telefon*
telephone box	budka telefoniczna	*boodka telefoneechna*
telephone card	karta telefoniczna	*karta telefoneechna*
telephone directory	książka telefoniczna	*kshawnjka telefoneechna*
telephone token	żeton	*jeton*
Web site	strona internetowa	*strona eenternetova*
wrong number	pomyłka	*pomiwuhka*

Where is the nearest phone box?
Gdzie jest najbliższa budka telefoniczna?
gjeh yest nibleejsha boodka telefoneechna

Is there a telephone directory?
Czy ma pan (*to a man*)/pani (*to a woman*) książkę telefoniczną?
chi ma pan/panee kshawnjkeh telefoneechnawn

I would like the directory for ...
Poproszę książkę telefoniczną dla ...
poprosheh kshawnjkeh telefoneechnawn dla

Can I call abroad from here?
Czy można stąd zadzwonić zagranicę?
chi mojna stawnd zadzvoneech zagraneetseh

How much is a call to ...?
Ile kosztuje rozmowa z ...?
eeleh koshtoo-yeh rozmova z

I would like to reverse the charges
Poproszę rozmowę R
vpoprosheh rozmoveh err

I would like a number in ...
Poproszę number w ...
poprosheh noomer v

Hello, this is ... speaking
Halo, mówi ...
Halo moovee

Is that ...?
Czy mówię z ...?
chee moov-yeh z

Speaking
Przy telefonie
pshi telefon-yeh

I would like to speak to ...
Chciałbym (*man*)/chciałbym (*woman*) rozmawiać z ...
Hchawuhbim/Hchawabim rozmav-yach z

Extension ... please
Wewnętrzny ... proszę
vevnENtshni ... prosheh

Please tell him ... called (*man/woman*)
Proszę powiedzieć mu, że ... dzwonił/dzwoniła
prosheh pov-yejech moo je ... dzvon-yeewuh/dzvon-yeewa

Ask him to call me back, please
Proszę, poprosić go żeby oddzwonił
prosheh poprosheech go jebi odzvon-yeewuh

My number is ...
Mój numer jest ...
moo-yuh noomer yest

Do you know where he is?
Czy wie pan (*to a man*)/pani (*to a woman*) gdzie on jest?
chi v-yeh pan/panee gjeh on yest

When will he be back?
Kiedy wróci?
k-yedi vroochee

Could you leave him a message?
Czy można zostawić wiadomość?
chi mojna zostaveech v-yadomosh-ch

I'll ring back later
Zadzwonię poźniej
zadzvon-yeh poojn-yay

Sorry, wrong number
Przepraszam, pomyłka
psheprasham pomiwuhka

How do I get an outside line?
Jaki jest numer zewnętrzny?
yakee yest noomer zevnehn-tshni

THINGS YOU'LL HEAR

Z kim chce pan/pani mówić?
Whom would you like to speak to?

Pomyłka
You've got the wrong number

Kto mówi?
Who's speaking?

→

95

Jaki jest pana/pani numer?
What is your number?

Przepraszam, ale nie ma go
Sorry, he's not in

Wróci o …
He'll be back at … o'clock

Proszę zadwonić jutro
Please call again tomorrow

Przekażę mu, że pan dzwonił/pani dzwoniła
I'll tell him you called

THINGS YOU'LL SEE

adres email	email address
automatyczne połączenie	direct dialling
budka telefoniczna	telephone box
centrala	operator
fotokopiarka	photocopier
informacja	enquiries
karta telefoniczna	phonecard
kod	code
międzynarodowa	international
nieczynny	out of order
opłata	charges
pogotowie	ambulance
rozmowa miejscowa	local call
rozmowa międzymiastowa	long-distance call
rozmowa zagraniczna	international call
strona internetowa	Web site
żeton	telephone token

HEALTH

British citizens are treated free of charge under a mutual agreement between the two countries. You need to have your NHS medical card and passport with you. You should go to the nearest **przychodnia rejonowa** (*pshiнodn-ya rayonova*) – state medical centre – which is equivalent to the NHS. In smaller towns or villages, the state health centre may be called **ośrodek zdrowia** (*oshrodek zdrov-ya*). If you are willing to pay for treatment, you could go instead to a **spółdzelnia lekarska** (*spoowuhjeln-ya lekarska*), which is a doctors' co-operative, where you will find doctors, dentists and opticians.

In an emergency, call 999 for the duty doctor or go to the Emergency Department, **ostry dyżur** (*ostri dijoor*), of the nearest hospital – **szpital** (*shpeetal*). For minor illnesses, you can get advice at a pharmacy – **apteka**. A rota system is in operation so that in most larger towns one pharmacy will be open all night. Every pharmacy has a card on the door with the address of the nearest duty chemist.

USEFUL WORDS AND PHRASES

accident	wypadek	*vipadek*
ambulance	karetka pogotowia	*karetka pogotov-ya*
anaemic (man)	anemiczny	*anemeechni*
(woman)	anemiczna	*anemeechna*
appendicitis	zapalenie wyrostka	*zapalen-yeh virostka*
appendix	wyrostek robaczkowy	*virostek robachkovi*
aspirin	aspiryna	*aspeerina*
asthma	astma	*astma*
backache	ból w plecach	*bool v pletsaн*
bandage	bandaż	*bandaj*
bite (by dog, insect)	ukąszenie	*ookawnshen-yeh*
bladder	pęcherz	*pENHej*
blister	pęcherz	*pENHej*
blood	krew	*krev*

burn (*noun*)	oparzenie	*opajen-yeh*
cancer	rak	*rak*
check-up	wizyta kontrolna	*veezita kontrolna*
chest	klatka piersiowa	*klatka py-yershova*
chickenpox	ospa wietrzna	*ospa v-yetshna*
cold	przeziębienie	*pshej-yENb-yen-yeh*
concussion	wstrząs mózgu	*vstJAWNns moozgoo*
constipation	zatwardzenie	*zatvardzen-yeh*
contact lenses	szkła kontaktowe	*shkwa kontaktoveh*
corn	odcisk	*odcheesk*
cough (*noun*)	kaszel	*kashel*
cut	skaleczenie	*skalechen-yeh*
diabetes	cukrzyca	*tsookshitsa*
diarrhoea	rozwolnienie	*rozvoln-yen-yeh*
dizzy	zawroty głowy	*zavroti gwovi*
earache	ból ucha	*bool ooHa*
fever	gorączka	*gorAWNnchka*
flu	grypa	*gripa*
fracture	złamanie	*zwaman-yeh*
German measles	różyczka	*roojichka*
glasses	okulary	*okoolari*
haemorrhage	krwotok	*krvotok*
hay fever	katar sienny	*katar sheni*
headache	ból głowy	*bool gwovi*
headache pills	proszki od bólu głowy	*proshkee od booloo gwovi*
heart	serce	*sertseh*
heart attack	atak serca	*atak sertsa*
hepatitis	zapalenie wątroby	*zapalenye vAWN-trobi*
HIV positive	zarażony (*man*)/ zarażona (*woman*) wirusem HIV	*zarajoni/zarajona veerusem ha ee fau*
ill (*man*)	chory	*HOri*
(*woman*)	chora	*HOra*
indigestion	niestrawność	*n-yestravnosh-ch*
injection	zastrzyk	*zastjik*
itch	swędzenie	*svENdzen-yeh*

kidney	nerka	n*e*rka
laxative	środek przeczysz- czający	shr*o*dek pshechish- chi-_AWN_tsi
lump	guz	gooz
measles	odra	*o*dra
migraine	migrena	meegr*e*na
mumps	świnka	shv*ee*nka
nausea	mdłości	mudw*o*sh-chee
nurse (*female*)	pielęgniarka	p-yel_ENG_n-*ya*rka
(*male*)	pielęgniarz	p-yel_ENG_n-ya_J_
operation	operacja	oper*a*ts-ya
pain	ból	bool
penicillin	penicylina	pen-yeetsil*ee*na
plaster (*sticky*)	plaster	pl*a*ster
plaster of Paris	gips	geeps
pneumonia	zapalenie płuc	zapal*e*n-yeh pwoots
pregnant	w ciąży	v ch_AWN_ji
prescription	recepta	rets*e*pta
rheumatism	reumatyzm	reh-oom*a*tizm
scald (*noun*)	oparzenie	opa_J_*e*n-yeh
scratch (*noun*)	podrapanie	podrap*a*n-yeh
sleeping pills	środek nasenny	shr*o*dek nas*e*ni
smallpox	ospa	*o*spa
sore throat	ból gardła	bool g*a*rdwa
splinter	drzazga	d*ja*zga
sprain	zwichnięcie	zveeHn-y_ENG_ch-yeh
sting	ukąszenie	ook_AWN_sh*e*n-yeh
stomach	żołądek	jow_AWN_dek
temperature	temperatura	temperat*oo*ra
thermometer	termometr	term*o*metr
tonsils	migdały	meegd*a*wuhi
toothache	ból zęba	bool z_EN_ba
travel sickness	choroba morska	H*o*r*o*ba m*o*rska
ulcer	wrzód	v_J_ood
vaccination	szczepienie	sh-chep-y*en*-yeh
vomit (*verb*)	wymiotować	vim-yot*o*vach
whooping cough	koklusz	k*o*kloosh

I have a pain in …
Boli mnie …
bolee mn-yeh

I do not feel well
Źle się czuję
jleh sheh choo-yeh

I feel faint
Jest mi słabo
yest mee swabo

I feel sick
Mam mdłości
mam mudwosh-chee

I feel dizzy
Mam zawroty głowy
mam zavroti gwovi

It hurts here
Tu mnie boli
too mn-yeh bolee

It's a sharp/dull pain
To jest ostry/tępy ból
to yest ostri/tENpi bool

It hurts all the time
Boli cały czas
bolee tsawi chas

It only hurts now and then
Boli tylko od czasu do czasu
bolee tilko od chasoo do chasoo

It hurts when you touch it
Boli jak się dotyka
bolee yak sheh dotika

It hurts more at night
Bardziej boli w nocy
barjay bolee v notsi

It stings/It aches
Parzy/Boli
paji/bolee

I have a temperature
Mam temperaturę
mam temperatooreh

I need a prescription for ...
Potrzebuję receptę na ...
potjeboo-yeh retsepteh na

I normally take ...
Normalnie biorę ...
normaln-yeh b-yoreh

I'm ... months pregnant
Jestem w ... miesiącu ciąży
yestem w ... myeshy-AWNtsoo chyAWNji

Can you take these if you're pregnant/breastfeeding?
Czy można to zażywać podczas ciąży/karmienia?
chi mojna to zajiwach podtshas tsiAWN-jy/karmyenya

I'm allergic to ...
Mam uczulenie na ...
mam oochoolen-yeh na

Have you got anything for …?
Czy ma pan (*to a man*)/pani (*to a woman*) coś na …?
chi ma pan/panee tsosh na

Do I need a prescription for …?
Czy potrzebna jest recepta na …?
chi potjebna yest retsepta na

I have lost a filling
Wyleciała mi plomba
vilechawa mee plomba

THINGS YOU'LL SEE

apteka dyżurna	duty chemist
ciśnienie krwi	blood pressure
dentysta	dentist
doktor	doctor
gabinet lekarski	doctor's surgery
karetka pogotowia	ambulance
klinika	clinic
laryngolog	ear, nose and throat specialist
lekarstwo	medicine
na czczo	on an empty stomach
okulary	glasses
okulista	optician
ostry dyżur	Emergency Department
plomba	filling
płukać	to gargle
po jedzeniu	after food
przed jedzeniem	before food
punkt pierwszej pomocy	first aid centre
recepta	prescription
rentgen	X-ray
szpital	hospital

THINGS YOU'LL HEAR

... proszki/tabletki na raz
Take ... pills/tablets at a time

Popić wodą
With water

Zgryźć
Chew them

Raz/dwa/trzy razy dziennie
Once/twice/three times a day

Tylko przed spaniem
Only when you go to bed

Co pan/pani normalnie bierze?
What do you normally take?

Myśle że pan powinien/pani powinna pójść do lekarza
I think you should see a doctor

Przepraszam, nie ma tego
I'm sorry, we don't have that

Na to potrzebna jest recepta
For that you need a prescription

MINI-DICTIONARY

about: about 16 około szesnaście
accelerator pedał przyśpieszenia
accident wypadek
accommodation mieszkanie
ache ból
adaptor (*electrical*) przełącznik
address adres
adhesive tape przylepiec
admission charge opłata za wstęp
after po
aftershave płyn po goleniu
again znowu
against przeciwko
air conditioning klimatyzacja
aircraft samolot
air freshener odświeżacz powietrza
air hostess stewardessa
airline linia lotnicza
airport lotnisko
alcohol alkohol
all: all the streets wszystkie ulice
    that's all, thanks to wszystko,
    dziękuję
almost prawie
alone sam
already już
always zawsze
am: I am jestem
ambulance karetka pogotowia
America Ameryka
American (*man*) Amerykanin
    (*woman*) Amerykanka
    (*adj*) amerykański
and i
ankle kostka
anorak wiatrówka
another (*different*) inny
    (*one more*) jeszcze jeden

answering machine automatyczna
    sekretarka
antifreeze płyn odmrażający
antique shop antykwariat
antiseptic antyseptyk
apartment mieszkanie
aperitif aperytif
appetite apetyt
apple jabłko
application form formularz
appointment wizyta
apricot morela
are: you are jesteście
    (*singular, familiar*) jesteś
    we are jesteśmy
    they are oni są
arm ręka
art sztuka
art gallery galeria sztuki
artist artysta
as: as soon as possible jak najszybciej
ashtray popielniczka
asleep: he's asleep śpi
aspirin aspiryna
at: at the post office na poczcie
    at night w nocy
    at 3 o'clock o trzeciej godzinie
attractive atrakcyjny
aunt ciocia
Auschwitz Oświęcim
Australia Australia
Australian (*man*) Australijczyk
    (*woman*) Australijka
    (*adj*) australijski
Austria Austria
Austrian (*man*) Austriak
    (*woman*) Austriaczka
    (*adj*) austriacki

automatic gears mechaniczna skrzynka
  biegów
away: is it far away? czy to jest daleko?
  go away! proszę odejść!
awful okropny
axle oś

baby niemowlę
baby wipes wilgotne husteczki
  toaletowe dla niemowląt
back (not front) tył
  (body) plecy
bacon boczek
  bacon and eggs jajka na boczku
bad zły
bait przynęta
bake piec
baker piekarz
balcony balkon
ball (football, tennis etc) piłka
ballpoint pen długopis
Baltic Sea Bałtyk
banana banan
band (musicians) zespół muzyczny
bandage bandaż
bank bank
banknote banknot
bar bar
  bar of chocolate tabliczka czekolady
barbecue rożen
barber's fryzjer
bargain okazja
basement piwnica
basin (sink) zlew
basket koszyk
bath (tub) wanna
  (washing) kąpiel
  to have a bath kąpać się
bathing hat czepek kąpielowy
bathroom łazienka
battery bateria
beach plaża

beans fasola
beard broda
because bo
bed łóżko
bed linen pościel
bedroom sypialnia
beef wołowina
beer piwo
before przed
beginner początkujący
behind za
beige beżowy
bell (church) dzwon
  (door) dzwonek
below pod
belt pasek
beside obok
best najlepszy
better lepiej
between między
bicycle rower
big duży
bikini bikini
bill rachunek
bird ptak
Birkenau Brzezinka
birthday urodziny
  happy birthday! wszystkiego
  najlepszego!
  birthday present prezent
  urodzinowy
biscuit herbatnik
bite (verb) ugryźć
  (noun: by dog, insect etc) ukąszenie
bitter gorzki
black czarny
blackberry jeżyna
blanket koc
bleach (verb: hair) utlenić
  (noun) wybielacz
blind (cannot see) niewidomy
blister pęcherz
blood krew

105

blouse bluzka
blue niebieski
boat łódź
   (*smaller*) łódka
body ciało
boil (*verb*) gotować
bolt (*verb: a door*) zamknąć na zasuwę
   (*noun: on door*) zasuwa
bone kość
bonnet (*car*) maska
book (*noun*) książka
   (*verb*) zamówić
booking office kasa biletowa
bookshop księgarnia
boot (*car*) bagażnik
   (*footwear*) but
border granica
boring nudny
born: I was born in ...
   (*said by a man*) urodziłem się w ...
   (*said by a woman*) urodziłam się w ...
both (*masc*) obaj
   (*fem*) obie
   (*mixed*) oboje
   both ... and ... i ... i ...
bottle butelka
bottle opener otwieracz butelek
bottom (*body*) siedzenie
   (*sea*) dno
bowl miska
box pudełko
boy chłopiec
boyfriend sympatia
bra stanik
bracelet bransoletka
braces (*on trousers*) szelki
brake (*noun*) hamulec
   (*verb*) hamować
brandy koniak
bread chleb
breakdown (*car*) awaria
   (*nervous*) rozstrój nerwowy
breakfast śniadanie

breathe oddychać
   I can't breathe nie mogę oddychać
bridge most
   (*game*) brydż
briefcase teczka
British brytyjski
broad beans bób
brochure broszura
broken złamany
   broken leg złamana noga
brooch broszka
brother brat
brown brązowy
bruise siniak
brush (*noun; hair*) szczotka
   (*for paint*) pędzel
   (*verb*) szczotkować
bucket wiadro
building budynek
Bulgaria Bułgaria
Bulgarian (*adj*) bułgarski
bumper zderzak
burglar włamywacz
burn (*verb*) spalić
   to burn oneself sparzyć się
   (*noun*) oparzenie
bus autobus
bus station dworzec autobusowy
business przedsiębiorstwo
   it's none of your business
   (*to a man*) to pana nie dotyczy
   (*to a woman*) to panią nie dotyczy
busy (*person*) zajęty
   (*street*) ruchliwy
but ale
butcher (*man*) rzeźnik
   (*shop*) sklep mięsny
butter masło
button guzik
buy kupić
by: by the window przy oknie
   by Friday do piątku
   by myself (*man*) sam, (*woman*) sama

cabbage kapusta
cable car wyciąg
cable TV telewizja kablowa
café kawiarnia
cake ciasto
calculator kalkulator
call: what's it called? jak to się nazywa?
camera *(for photographs)* aparat
    fotograficzny
    (video) kamera
campsite obozowisko
camshaft wał rozrządczy
can *(tin)* puszka
    can I have …? czy mogę …?
    I can't … nie mogę …
Canada Kanada
Canadian *(man)* Kanadyjczyk
    (woman) Kanadyjka
    (adj) kanadyjski
cancer rak
candle *(large)* świeca
    (small) świeczka
canoe kajak
cap *(bottle)* kapsel
    (hat) czapka
car samochód
caravan przyczepa
carburettor karburator
card karta
cardigan sweter zapinany
careful ostrożny
    be careful! ostrożnie!
Carpathian mountains Karpaty
carpet dywan
carriage *(train)* wagon
carrot marchew
car seat *(for a baby)* fotelik
    samochodowy dla dziecka
cash gotówka
    (coins) pieniądze
    to pay cash płacić gotówką
cassette kasetka
cassette player kasetowiec

castle zamek
cat kot
cathedral katedra
Catholic Katolicki
Catholic Church Kościół Katolicki
cauliflower kalafior
cave jaskinia
cemetery cmentarz
centre środek
    (town) centrum
certificate dyplom
chair krzesło
chambermaid pokojówka
chamber music muzyka kameralna
change *(noun: money returned)* reszta
    (money: coins) drobne
    (verb: clothes) przebrać się
cheap tani
cheers! na zdrowie!
cheese ser
chemist *(shop)* apteka
cheque czek
chequebook książeczka czekowa
cherry czereśnia
    (sour) wiśnia
chess szachy
chest *(body)* klatka piersiowa
chewing gum guma do żucia
chicken kura
child dziecko
children dzieci
china porcelana
chips frytki
chocolate czekolada
    box of chocolates bombonierka
chop *(noun: food)* kotlet
    (verb: vegetables) siekać
    (verb: timber) rąbać
Christian name imię
church kościół
cigar cygaro
cigarette papieros
cinema kino

city miasto
city centre centrum miasta
class klasa
classical music muzyka klasyczna
clean czysty
clear *(obvious)* jasne
   (water) klarowny
   is that clear? czy to jest jasne?
clever sprytny
clock zegar
   (alarm) budzik
close *(near)* blisko
   (stuffy) duszno
   (verb) zamknąć
   the shop is closed sklep jest
   zamknięty
clothes ubranie
club klub
   (cards) trefl
clutch sprzęgło
coach autobus
   (of train) wagon
coach station dworzec
   autobusowy
coat płaszcz
coat hanger wieszak
cockroach karaluch
coffee kawa
coin moneta
cold *(illness)* przeziębienie
   (adj) zimny
collar kołnierz
collection *(stamps etc)* kolekcja
colour kolor
colour film kolorowy film
comb *(noun)* grzebień
   (verb) czesać
come przyjść
   I come from ... pochodzę z ...
   we came last week przyjechaliśmy
   w ubiegłym tygodniu
   come here! proszę tu przyjść!
   (familiar) chodź tu!

communication cord hamulec
   bezpieczeństwa
communism komunizm
communist *(adj)* komunistyczny
compartment przedział
complicated skomplikowany
computer komputer
concentration camp obóz
   koncentracyjny
concert koncert
conditioner *(hair)* odżywka do włosów
conductor *(bus)* konduktor
   (orchestra) dyrygent
congratulations! gratulacje!
constipation zatwardzenie
consulate konsulat
contact lenses szkła kontaktowe
contraceptive prezerwatywa
cook *(noun)* kucharz
   (verb) gotować
cooking utensils naczynia
cool chłodny
cork korek
corkscrew korkociąg
corner *(room)* kąt
   (street) róg
corridor korytarz
cosmetics kosmetyki
cost *(verb)* kosztować
   what does it cost? ile kosztuje?
cotton bawełna
cotton wool wata
cough *(verb)* kaszleć
   (noun) kaszel
country *(state)* kraj
   (not town) wieś
cousin *(male)* kuzyn
   (female) kuzynka
crab krab
Cracow Kraków
craft rzemiosło
cramp skurcz
cream krem

cream (whipped) bita śmietana
credit card karta kredytowa
crew załoga
crowded zatłoczony
cruise rejs
crutches kule
cry (weep) płakać
   (shout) krzyczeć
cucumber ogórek
cuff links spinki do koszuli
cup filiżanka
cupboard kredens
curls loki
curtain zasłona
   (theatre) kurtyna
Customs cło
cut (noun) przecięcie
   (verb) ciąć
Czech (man) Czech
   (woman) Czeszka
   (adj) czeski

dad tato
dairy (shop) sklep mleczny
damp wilgotny
dance (noun) taniec
   (verb) tańczyć
dangerous niebezpieczny
dark ciemny
daughter córka
day dzień
dead (person) zmarły
deaf głuchy
dear drogi
deck chair leżak
deep głęboki
deliberately umyślnie
dentist dentysta
dentures protezy
deny zaprzeczyć
   I deny it zaprzeczam
deodorant dezodorant

department store dom towarowy
departure (flight) odlot
   (train, bus) odjazd
develop (film) wywołać
diamond (jewel) diament
   (cards) karo
diarrhoea rozwolnienie
diary kalendarzyk
dictionary słownik
die umrzeć
diesel diesel
different inny
   that's different to jest inne
   I'd like a different one inny poproszę
difficult trudny
dining room jadalnia
directory (telephone) książka
   telefoniczna
dirty brudny
disabled inwalida
disposable nappies pieluchy
   jednorazowe
distributor (car) rozdzielacz
dive nurkować
diving board trampolina
divorced rozwiedziony
do robić
doctor doktor
document dokument
dog pies
doll lalka
dollar dolar
door drzwi
double room pokój dwuosobowy
doughnut pączek
down na dół
drawing pin pineska
dress suknia
drink (verb) pić
   (noun) napój
   (noun: alcoholic) trunek
   would you like a drink? (to a man)
   czy chciałby pan czegoś się napić?

drink: would you like a drink?
  (to a woman) czy chciałaby pani
  czegoś się napić?
drinking water woda zdatna do picia
drive *(verb)* prowadzić
driver kierowca
driving licence prawo jazdy
drunk pijany
dry suchy
dry cleaner's pralnia chemiczna
dummy *(for baby)* smoczek
during podczas
dustbin śmietnik
duster ścierka do kurzu
duty-free wolnocłowy

each *(every)* każdy
  fifty złotys each pięćdziesiąt
  złotych za jedno
ear ucho
  ears uszy
early wcześnie
earrings kolczyki
east wschód
easy łatwy
eat jeść
egg jajko
either: either of them którykolwiek
  either ... or ... albo ... albo ...
elastic elastyczny
elastic band gumka
elbow łokieć
electric elektryczny
electricity elektryczność
else: something else coś innego
  someone else ktoś inny
  somewhere else gdzie indziej
email address adres email
embarrassing krępujący
embassy ambasada
embroidery haft
emerald szmaragd

emergency nagły wypadek
empty pusty
end koniec
engaged *(couple)* zaręczeni
  (occupied) zajęty
engine silnik
England Anglia
English angielski
Englishman Anglik
Englishwoman Angielka
enlargement powiększenie
enough dosyć
entertainment rozrywka
entrance wejście
envelope koperta
escalator schody ruchome
especially specjalnie
evening wieczór
every każdy
everyone wszyscy
everything wszystko
everywhere wszędzie
example przykład
  for example na przykład
excellent wspaniały
excess baggage nadbagaż
exchange *(verb)* wymienić
exchange rate kurs wymiany
excursion wycieczka
excuse me! *(to get attention)* przepraszam!
exit wyjście
expensive drogi
extension *(time)* przedłużenie
  (building) przybudówka
eye oko
  eyes oczy
eye drops krople do oczu

face twarz
faint *(unclear)* niewyraźny
  (verb) zemdleć
  to feel faint czuć się słabo

fair *(funfair)* wesołe miasteczko
   (just) **it's not fair** to niesprawiedliwie
false teeth sztuczne zęby
family rodzina
fan *(ventilator)* wentylator
   (enthusiast: male) miłośnik
   (female) miłośniczka
fan belt pasek klinowy
far daleko
   how far is …? jak daleko jest …?
fare *(travel)* opłata
farm farma
farmer rolnik
fashion moda
fast szybki
fat *(of person)* gruby
   (on meat etc) tłuszcz
father ojciec
fax faks
fax machine faks
feel *(touch)* dotyknąć
   I feel hot ciepło mi
   I feel like … mam ochotę na …
   I don't feel well źle się czuję
feet stopy
felt-tip pen flamaster
ferry prom
fever gorączka
fiancé narzeczony
fiancée narzeczona
field pole
fig figa
filling *(tooth)* plomba
film film
filter filtr
finger palec
fire ogień
   (blaze) pożar
fire extinguisher gaśnica
fireworks sztuczne ognie
first pierwszy
first aid pierwsza pomoc
first floor pierwsze piętro

fish ryba
fishing wędkarstwo
   to go fishing iść na ryby
fishing rod wędka
fishmonger's sklep rybny
fizzy musujący
flag flaga
flash *(camera)* flesz
flat *(level)* płaski
   (apartment) mieszkanie
flavour smak
flea pchła
flight lot
flippers płetwy
flour mąka
flower kwiat
flu grypa
flute flet
fly *(verb)* lecieć
   (insect) mucha
fog mgła
folk art sztuka ludowa
folklore folklor
folklore festival festiwal folkloru
folk music muzyka ludowa
food jedzenie
food poisoning zatrucie
foot stopa
football *(game)* piłka nożna
   (ball) piłka
for dla
   for me dla mnie
   what for? dlaczego?
   for a week na tydzień
foreigner *(male)* cudzoziemiec
   (female) cudzoziemiemka
forest las
fork widelec
fortnight dwa tygodnie
fountain pen wieczne pióro
fourth czwarty
fracture złamanie
France Francja

free wolny
  (*no cost*) za darmo
freezer zamrażalnik
French francuski
  (*man*) Francuz
  (*woman*) Francuzka
fridge lodówka
friend (*male*) przyjaciel
  (*female*) przyjaciółka
friendly życzliwy
front: in front of ... przed ...
frost mróz
fruit owoc
fruit juice sok owocowy
fry smażyć
frying pan patelnia
full pełny
  I'm full (*male*) jestem najedzony
  (*female*) jestem najedzona
full board pełne utrzymanie
funnel (*for pouring*) lejek
funny śmieszny
  (*odd*) dziwny
furniture meble

garage garaż
  (*for repairs*) warsztat samochodowy
garden ogród
garlic czosnek
gay (*homosexual*) gej
Gdansk Gdańsk
gear bieg
gear lever dźwignia zmiany
  biegów
German (*man*) Niemiec
  (*woman*) Niemka
  (*adj*) niemiecki
Germany Niemcy
get (*fetch*) przynieść
  have you got ...? czy ma pan ...?
  (*to a woman*) czy ma pani ...?
  to get the train pojechać pociągiem

get back: we get back tomorrow
  wracamy jutro
  to get something back zwrócić
get in wejść
  (*arrive*) przyjechać
get out wydostać się
get up (*rise*) wstać
gift prezent
gin dżin
girl dziewczyna
girlfriend sympatia
give dać
glad (*to be*) cieszyć się
  I'm glad cieszę się
glass szkło
  (*for drinking*) szklanka
glasses okulary
gloss prints błyszczące odbitki
gloves rękawiczki
glue klej
goggles gogle
gold złoto
good dobry
  good! dobrze!
goodbye do widzenia
government rząd
granddaughter wnuczka
grandfather dziadek
grandmother babcia
grandson wnuk
grapes winogrona
grass trawa
Great Britain Wielka Brytania
Great Poland Wielkopolska
green zielony
grey szary
grill ruszt
grocer (*shop*) sklep spożywczy
ground floor parter
groundsheet płachta nieprzemakalna
guarantee (*noun*) gwarancja
  (*verb*) zagwarantować
guard straż

guide book przewodnik
guitar gitara
gun *(rifle)* strzelba
  (pistol) pistolet

hair włosy
haircut strzyżenie
hairdresser fryzjer
hairdryer suszarka do włosów
hair spray lakier do włosów
half pół
  half an hour pół godziny
half board pokój z jednym posiłkiem
ham szynka
hamburger kotlet siekany
hammer młotek
hand ręka
handbag torebka
handbrake ręczny hamulec
handkerchief chustka do nosa
handle *(door)* klamka
handsome przystojny
hangover kac
happy wesoły
harbour port
hard twardy
  (difficult) trudny
hat kapelusz
have mieć
  I don't have ... nie mam ...
  can I have ...? czy mogę dostać ...?
  have you got ...?
  (to a man) czy ma pan ...?
  (to a woman) czy ma pani ...?
  I have to go now muszę już iść
hay fever katar sienny
he on
head głowa
headache ból głowy
headlights światła przednie
health resort kurort
hear słyszeć

hearing aid aparat słuchowy
heart serce
heart attack atak serca
heating ogrzewanie
heavy ciężki
heel *(shoe)* obcas
  (body) pięta
hello hallo
help *(noun)* pomoc
  (verb) pomóc
  help! ratunku!
hepatitis zapalenie wątroby
her: it's her to ona
  it's for her to dla niej
  give it to her proszę jej to dać
  her house jej dom
  her shoes jej buty
  it's hers to jest jej
high wysoki
highway code kodeks drogowy
hill wzgórze
him: it's him to on
  it's for him to dla niego
  give it to him proszę mu to dać
hire wynajem
his: his house jego dom
  his shoes jego buty
  it's his to jest jego
history historia
hitchhike autostop
HIV positive *(man)* zarażony wirusem HIV
  (woman) zarażona wirusem HIV
hobby hobby
holiday święto
holidays wakacje
homeopathy homeopatia
honest uczciwy
honey miód
honeymoon miesiąc miodowy
horn *(car)* klakson
  (animal) róg
horrible okropny

113

hospital szpital
hot water bottle termofor
hour godzina
house dom
how? jak?
Hungary Węgry
hungry: I'm hungry *(male)* jestem głodny
  (female) jestem głodna
hunting polowanie
hurry: I'm in a hurry śpieszy mi się
husband mąż

I ja
ice lód
ice cream lody
ice cube kostka lodu
if jeżeli
ignition zapłon
ill chory
immediately natychmiast
impossible niemożliwe
in w
  in English po angielsku
  in the hotel w hotelu
India Indie
Indian *(man)* Hindus
  (woman) Hinduska
  (adj) hinduski
indicator kierunkowskaz
indigestion niestrawność
infection zakażenie
information informacja
inhaler *(for asthma etc)* inhalator
injection zastrzyk
injury rana
ink atrament
inner tube dętka
insect owad
insomnia bezsenność
insurance ubezpieczenie
interesting ciekawy
internet internet

interpret tłumaczyć
invitation zaproszenie
Ireland Irlandia
Irish irlandzki
Irishman Irlandczyk
Irishwoman Irlandka
iron *(metal)* żelazo
  (for clothes) żelazko
ironmonger's sklep z towarami żelaznymi
is: he/she/it is … jest
island wyspa
it to
Italy Włochy
itch *(noun)* swędzenie
  it itches swędzi

jacket kurtka
  (suit: men's) marynarka
  (women's) żakiet
jacuzzi jacuzzi
jam dżem
jazz jazz
jazz festival festiwal jazzowy
jealous zazdrosny
jeans dżinsy
jellyfish meduza
Jew Żyd
Jewish żydowski
jeweller jubiler
job praca
jog *(verb)* biegać
  to go for a jog iść pobiegać
joke żart
journey podróż
jumper sweter
just: it's just arrived dopiero co przyszło
  (only) tylko
  I've just one left tylko jeden mi został

key klucz
kidney nerka

kilo kilogram
kilometre kilometr
kitchen kuchnia
knee kolano
knife nóż
knit robić na drutach
know: I don't know nie wiem

label etykietka
lace koronka
laces (of shoe) sznurowadła
lake jezioro
lamb (animal) jagnię
  (food) baranina
lamp lampa
lampshade abażur
land (noun) ziemia
  (verb) lądować
language język
large duży
last (final) ostatni
  last week w ubiegłym tygodniu
  last month w ubiegłym miesiącu
  at last! nareszcie!
late: it's getting late robi się późno
  the bus is late autobus jest opóźniony
laugh (noun) śmiech
  (verb) śmiać się
launderette pralnia samoobsługowa
laundry (place) pralnia
  (dirty clothes) pranie
laxative środek przeczyszczający
lazy leniwy
leaf liść
leaflet ulotka
learn uczyć się
leather skóra
left (not right) lewy
  on the left na lewo
  turn left skręcić w lewo
  there's nothing left nic nie zostało
left luggage przechowalnia bagażu

leg noga
lemon cytryna
lemonade lemoniada
length długość
lens (camera) obiektyw
less mniej
lesson lekcja
letter list
letter box (to post letters) skrzynka
  pocztowa
  (in door) skrzynka na listy
lettuce sałata
library biblioteka
licence licencja
  (driving) prawo jazdy
life życie
lift (in building) winda
  could you give me a lift? (to a man)
  czy mógłby pan mnie podwieść?
  (to a woman) czy mógłaby pani
  mnie podwieść?
light (not heavy) lekki
  (not dark) jasny
light meter światłomierz
lighter zapalniczka
lighter fuel benzyna do zapalniczek
like: I like you (to a man) lubię pana
  (to a woman) lubię panią
  I like swimming lubię pływać
  it's like ... to jest jak ...
lip salve maść do ust
lipstick szminka
liqueur likier
list lista
litre litr
litter śmieci
little (small) mały
  it's a little big jest trochę za duży
  just a little troszeczkę
Little Poland Małopolska
liver wątroba
lobster homar
lollipop lizak

long długi
  how long does it take? jak długo
  to potrwa?
lorry ciężarówka
lost property office biuro rzeczy
  zagubionych
lot: a lot dużo
loud głośny
  (colour) jaskrawy
lounge salon
love *(noun)* miłość
  (verb) kochać
lover *(male)* kochanek
  (female) kochanka
low niski
luck szczęście
  good luck! powodzenia!
luggage bagaż
luggage rack półka na bagaż
lunch obiad

magazine czasopismo
mail *(noun)* poczta
make robić
make-up makijaż
man mężczyzna
manager dyrektor
map *(country)* mapa
  (town) plan
  a map of Warsaw plan Warszawy
marble marmur
margarine margaryna
market rynek
Market Square Rynek
marmalade dżem
  pomarańczowy
married *(of man)* żonaty
  (of woman) zamężna
  (of couple) małżeński
mascara tusz do rzęs
mass *(church)* msza święta
mast maszt

match *(light)* zapałka
  (sport) mecz
material *(cloth)* materiał
mattress materac
maybe być może
Mazovia Mazowsze
me: it's me to ja
  it's for me to dla mnie
  give it to me proszę mi to dać
meal posiłek
meat mięso
mechanic mechanik
medicine lekarstwo
  (science) medycyna
meeting spotkanie
  (committee) zebranie
melon melon
men *(toilet)* dla panów
menu menu
message wiadomość
midday południe
middle: in the middle w środku
midnight północ
milk mleko
mine: it's mine to moje
mineral water woda mineralna
minute minuta
mirror lustro
Miss panna
mistake pomyłka
  to make a mistake pomylić się
mobile phone telefon komórkowy
modem modem
monastery klasztor
money pieniądze
month miesiąc
monument pomnik
moon księżyc
moped motorower
more więcej
morning rano
  in the morning rano
mosaic mozaika

mosquito komar
mother matka
motorbike motocykl
motorboat motorówka
motorway autostrada
mountain góra
mouse mysz
moustache wąsy
mouth usta
move ruszać
　don't move! nie ruszać się!
　(house) przeprowadzać się
movie film
Mr Pan
Mrs Pani
Ms Pani
much: not much nie wiele
　much better/slower o wiele
　lepiej/wolniej
mug kubek
mum mama
museum muzeum
mushroom grzyb
music muzyka
music festival festiwal muzyczny
musical instrument instrument
　muzyczny
musician muzyk
mussels małże
mustard musztarda
my: my bag moja torba
　my flat moje mieszkanie
　my son mój syn
　my keys moje klucze

nail *(metal)* gwóźdź
　(finger) paznokieć
nailfile pilnik do paznokci
nail polish lakier do paznokci
name *(Christian)* imię
　(surname) nazwisko
nappy pieluszka

narrow wąski
near: near the door koło drzwi
　near London blisko Londynu
necessary konieczny
necklace naszyjnik
need *(verb)* potrzebować
　I need ... potrzebuję ...
　there's no need nie potrzeba
needle igła
negative *(photo)* negatyw
neither:
　neither of them żaden z nich
　neither ... nor ... ani ... ani ...
nephew *(sister's son)* siostrzeniec
　(brother's son) bratanek
never nigdy
new nowy
New Zealand Nowa Zelandia
　(adj) nowozelandzki
New Zealander *(man)* Nowozelandczyk
　(woman) Nowozelandka
news wiadomości
newsagent's sklep z gazetami
newspaper gazeta
next następny
　next month przyszły miesiąc
　next week przyszły tydzień
　what next? co teraz?
nice miły
niece *(sister's daughter)* siostrzenica
　(brother's daughter) bratanica
night noc
nightclub nocny klub
nightdress koszula nocna
night porter nocny portier
no *(response)*
　I have no money nie mam pieniędzy
noisy hałaśliwy
north północ
Northern Ireland Północna Irlandia
nose nos
not nie
notebook notes

nothing nic
novel powieść
now teraz
nowhere nigdzie
nudist nudysta
number numer
number plate numer rejestracyjny
nurse *(female)* pielęgniarka
    (male) pielęgniarz
nut *(fruit)* orzech
    (for bolt) nakrętka

occasionally czasami
of z
office biuro
often często
oil olej
ointment maść
OK okej
old stary
Old Town Stare Miasto
olive oliwka
olive oil oliwa
on na
one jeden
onion cebula
only tylko
open *(verb)* otworzyć
    (adj) otwarty
opposite: opposite the hotel
    naprzeciwko hotelu
optician okulista
or albo
orange *(colour)* pomarańczowy
    (fruit) pomarańcza
orange juice sok pomarańczowy
orchestra orkiestra
ordinary normalny
organ narząd
    (music) organy
our nasz
    it's ours to nasze

out: he's out nie ma go
outside na dworze
over *(above)* nad
    over there o tam
overtake wyprzedzać

pack of cards talia kart
package pakunek
packet paczka
    a packet of ... paczka ...
padlock kłódka
page strona
pain ból
paint *(noun)* farba
    (verb) malować
pair para
Pakistan Pakistan
Pakistani *(man)* Pakistańczyk
    (woman) Pakistanka
    (adj) pakistański
pale blady
pancakes naleśniki
paper papier
paracetamol paracetamol
parcel paczka
pardon? słucham?
parents rodzice
park *(noun)* park
    (verb) zaparkować
parsley pietruszka
party *(celebration)* przyjęcie
    (group) grupa
    (political) partia
passenger pasażer
passport paszport
pasta kluski
path ścieżka
pavement chodnik
pay płacić
peach brzoskwinia
peanuts orzeszki
pear gruszka

pearl perła
peas groszek
pedestrian pieszy
peg (clothes) wieszak
pen pióro
pencil ołówek
pencil sharpener em perówka
penknife scyzoryk
people ludzie
pepper (& salt) pieprz
  (red/green) papryka
peppermints miętówki
per: per night za dobę
perfect doskonały
perfume perfumy
perhaps może
perm trwała
personal stereo walkman
petrol benzyna
petrol station stacja benzynowa
petticoat halka
phonecard karta telefoniczna
photocopier fotokopiarka
photograph (noun) fotografia
  (verb) fotografować
photographer fotograf
phrase book rozmówki
piano fortepian
pickpocket złodziej kieszonkowy
picnic piknik
piece kawałek
pillow poduszka
pilot pilot
pin szpilka
pineapple ananas
pink różowy
pipe (for smoking) fajka
  (for water) rura
piston tłok
pizza pizza
place miejsce
plant roślina
  (production) fabryka

plaster (for cut) plaster
  (building) gips
plastic plastykowy
plastic bag torba plastykowa
plate talerz
platform peron
play (theatre) sztuka
  (verb: a game) grać
please proszę
plug (electrical) wtyczka
  (sink) korek
pocket kieszeń
poison trucizna
Poland Polska
Pole (man) Polak
  (woman) Polka
police policja
police officer policjant
police station posterunek policji
Polish (adj) polski
politics polityka
Pomerania Pomorze
poor biedny
  (bad quality) kiepski
Pope Papież
pop music muzyka popularna
pork wieprzowina
port (harbour) port
porter (for luggage) tragarz
  (hotel) portier
possible możliwy
post (noun) poczta
  (verb) wysłać
postbox skrzynka pocztowa
postcard pocztówka
poster plakat
postman listonosz
post office poczta
potato kartofel
poultry drób
pound (money, weight) funt
powder puder
pram wózek dziecinny

prescription recepta
pretty *(beautiful)* śliczny
  (quite) dosyć
priest ksiądz
private prywatny
  (notice) wstęp wzbroniony
problem problem
  what's the problem? o co chodzi?
public publiczny
pull ciągnąć
puncture *(tyre)* defekt w dętce
purple fioletowy
purse portmonetka
push pchnąć
pushchair wózek
pyjamas piżama

quality jakość
quay nadbrzeże
question pytanie
queue *(noun)* kolejka
  (verb) stać w kolejce
quick szybko
quiet cichy
quite *(fairly)* dosyć
  (fully) zupełnie

radiator kaloryfer
radio radio
radish rzodkiewka
railway line linia kolejowa
rain deszcz
raincoat płaszcz nieprzemakalny
raisins rodzynki
rare *(uncommon)* rzadki
  (steak) krwisty
rat szczur
razor blades żyletki
read czytać
reading lamp lampa do czytania
  (bed) światła przy łóżku

ready gotowy
rear lights światła tylne
receipt kwit
receptionist *(male)* recepcjonista
  (female) recepcjonistka
record *(music)* płyta
  (sporting etc) rekord
record player adapter
record shop sklep z płytami
red czerwony
refreshments *(snacks)* przekąski
  (drinks) napoje
registered letter list polecony
relative *(male)* krewny
  (female) krewna
relax *(verb)* odpoczywać
religion religia
remember pamiętać
  I don't remember nie pamiętam
rent *(verb)* wynająć
reservation rezerwacja
rest *(remainder)* reszta
  (relax) odpoczynek
restaurant restauracja
return *(come back)* wrócić
  (give back) oddać
return ticket bilet powrotny
rice ryż
rich bogaty
right *(correct)* prawidłowy
  (direction) prawy
  on the right na prawo
  turn right skręcić w prawo
ring *(to call)* dzwonić
  (wedding etc) pierścionek
ripe dojrzały
river rzeka
road droga
  (street) ulica
rock *(stone)* skała
  (music) muzyka rockowa
roll *(bread)* bułka
Romania Rumunia

roof dach
room pokój
  (*space*) miejsce
rope lina
rosary różaniec
rose róża
round (*circular*) okrągły
  it's my round moja kolejka
rowing boat łódź wiosłowa
Royal Castle Zamek Królewski
rubber (*eraser*) gumka
  (*material*) guma
rubbish śmieci
ruby rubin
rucksack plecak
rug (*mat*) dywanik
  (*blanket*) koc
ruins ruiny
ruler (*for drawing*) linijka
rum rum
run (*person*) biegać
runway pas startowy
Russia Rosja
Russian (*man*) Rosjanin
  (*woman*) Rosjanka
  (*adj*) rosyjski

sad smutny
safe bezpieczny
safety pin agrafka
sailing boat żaglówka
salad sałatka
salami salami
sale (*at reduced prices*) wyprzedaż
salmon łosoś
salt sól
same: the same dress ta sama suknia
  the same people ci sami ludzie
  same again, please jeszcze raz to
  samo poproszę
sand piasek
sandals sandały

sandwich kanapka
sanitary towels podpaski higieniczne
satellite TV telewizja satelitarna
sauce sos
saucepan garnek
sauna sauna
sausage kiełbasa
say mówić
  what did you say?
  (*to a man*) co pan powiedział?
  (*to a woman*) co pani powiedziała?
  (*familiar: to a man/woman*)
  co powiedziałeś/powiedziałaś?
  how do you say ...? jak się mówi ...?
scarf szalik
  (*head*) chusta
school szkoła
scissors nożyczki
Scot (*man*) Szkot
  (*woman*) Szkotka
Scotland Szkocja
Scottish szkocki
screw śruba
screwdriver śrubokręt
sea morze
seat miejsce
seat belt pas bezpieczeństwa
second (*of time*) sekunda
  (*in series*) drugi
see widzieć
  I can't see nie widzę
  I see (*understand*) rozumiem
sell sprzedawać
separate osobny
  he's separated from his wife
  rozszedł się z żoną
serious poważny
serviette serwetka
several kilka
sew szyć
shampoo szampon
shave (*noun*) golenie
  (*verb*) golić się

121

shaving cream krem do golenia
shawl szal
she ona
sheet prześcieradło
shell muszla
sherry sherry
ship statek
shirt koszula
shoelaces sznurowadła
shoe polish pasta do butów
shoes buty
shop sklep
shopping zakupy
  to go shopping iść na zakupy
short krótki
shorts szorty
shoulder ramię
shower (bath) prysznic
  (rain) deszcz przelotny
shower gel żel do prysznica
shutter (camera) migawka
  (window) okiennica
sick (ill) chory
  I feel sick mdli mnie
side (edge) brzeg
  I'm on her side jestem po
  jej stronie
sidelights światła boczne
sights: the sights of ... widoki ...
Silesia Śląsk
silk jedwab
silver (colour) srebrny
  (metal) srebro
simple (easy) łatwy
sing śpiewać
single (one) pojedyńczy
  (unmarried: man) nie żonaty
  (woman) nie zamężna
single room pokój pojedyńczy
sister siostra
skid (verb) poślizgnąć się
skin cleanser mleczko kosmetyczne
skirt koszula

sky niebo
sleep (noun) sen
  (verb) spać
  to go to sleep iść spać
sleeping bag śpiwór
sleeping pill proszek nasenny
slippers pantofle
slow powoli
small mały
smell (noun) zapach
  (verb) wąchać
smile (noun) uśmiech
  (verb) uśmiechać się
smoke (noun) dym
  (verb) palić
snack przekąska
snow śnieg
so: so good tak dobrze
  not so much nie tak dużo
soaking solution (for contact lenses)
  płyn do moczenia szkieł
  kontaktowych
socks skarpetki
soda water woda sodowa
Solidarity Solidarność
somebody ktoś
somehow jakoś
something coś
sometimes czasami
somewhere gdzieś
son syn
song piosenka
sorry! przepraszam!
  I'm sorry przepraszam
soup zupa
south południe
South Africa Południowa Afryka
South African (adj) południowo
  afrykański
souvenir pamiątka
Soviet (adj) sowiecki
Soviet Union Związek Radziecki
spa zdrój

spade (*shovel*) łopata
  (*cards*) pik
Spain Hiszpania
spanner klucz francuski
spares części zamienne
spark(ing) plug świeca zapłonowa
speak mówić
  do you speak …?
  (*to a man*) czy mówi pan (po) …?
  (*to a woman*) czy mówi pani (po) …?
  I don't speak … nie mówię (po) …
spectacles okulary
speed szybkość
speed limit szybkość maksymalna
speedometer szybkościomierz
spider pająk
spinach szpinak
spoon łyżka
sprain zwichnięcie
spring (*mechanical*) sprężyna
  (*season*) wiosna
stadium stadion
staircase klatka schodowa
stairs schody
stamp znaczek
stapler zszywacz
star gwiazda
  (*film*) gwiazda
start (*verb*) zacząć
station stacja
statue rzeźba
steak stek
steal kraść
  it's been stolen ukradziono
steam locomotive parowóz
steering wheel kierownica
stewardess stewardessa
sticky tape przylepiec
sting (*noun*) ukąszenie
  (*verb*) ukąsić
  it stings piecze
stockings pończochy
stomach brzuch

stomachache ból brzucha
stop (*verb*) zatrzymać się
  (*bus stop*) przystanek
  stop! stop!
storm burza
strawberry truskawka
stream (*small river*) strumyk
street ulica
string (*cord*) sznurek
  (*guitar etc*) struna
student (*male*) student
  (*female*) studentka
stupid głupi
suburbs przedmieście
sugar cukier
suit (*noun*) garnitur
  (*verb*) pasować
  it suits you
  (*to a man*) pasuje panu
  (*to a woman*) pasuje pani
suitcase walizka
sun słońce
sunbathe opalać się
sunny: it's sunny jest słonecznie
sun stroke udar słoneczn
suntan opalenizna
suntan lotion płyn do
  opalania
supermarket sam
supplement dodatek
sure na pewno
  are you sure? (*to a man*) czy jest
  pan pewny?
  (*to a woman*) czy jest pani pewna?
  (*familiar: to a man/woman*) czy jesteś
  pewny/pewna?
surname nazwisko
sweat (*noun*) pot
  (*verb*) pocić się
sweet (*not sour*) słodki
  (*candy*) cukierek
swimming costume kostium
  kąpielowy

swimming pool basen
swimming trunks kąpielówki
switch *(light)* przełącznik
Switzerland Szwajcaria
synagogue synagoga

table stoik
tablet tabletka
take wziąść
takeaway na wynos
take off *(verb)* odlatywać
takeoff *(noun)* odlot
talcum powder talk
talk *(noun)* mowa
  (verb) mówić
tall wysoki
tampon tampon
tangerine mandarynka
tap kran
tapestry tkanina
Tatras mountains Tatry
tea herbata
tea towel ścierka
telegram telegram
telephone *(noun)* telefon
  (verb) telefonować
telephone box budka telefoniczna
telephone call rozmowa telefoniczna
television telewizja
temperature temperatura
tent namiot
tent peg śledź
tent pole maszt
than niż
thank *(verb)* dziękować
  thanks dzięki
  thank you dziękuję
that: that bus tamten autobus
  that man tamten pan
  that woman tamta pani
  what's that? co to?
  I think that ... myślę że ...

their: their room ich pokój
  their books ich książki
  it's theirs to jest ich
them: it's them to oni
  it's for them to dla nich
  give it to them proszę im to dać
then wtedy
there tam
  there is/are ... jest/są ...
  is/are there ...? czy jest/są ...?
thermos® flask termos
these: these things te rzeczy
  these are mine to są moje
they oni
thick *(blanket)* gruby
  (forest, hair) gęsty
thin cienki
think myśleć
  I think so myślę że tak
  I'll think about it pomyślę o tym
third trzeci
thirsty: I'm thirsty chce mi się pić
this: this bus ten autobus
  this man ten pan
  this woman ta pani
  what's this? co to?
  this is Mr ... to jest Pan ...
those: those things tamte rzeczy
  those are his tamte są jego
throat gardło
throat pastilles pastylki na ból
  gardła
through przez
thunderstorm burza
ticket bilet
tie *(noun)* krawat
  (verb) wiązać
tights rajstopy
time czas
  what's the time? która jest godzina?
timetable rozkład
tin puszka
tin opener klucz do konserw

tip *(money)* napiwek
  (end) czubek
tired zmęczony
  I feel tired *(man)* jestem zmęczony
  (woman) jestem zmęczona
tissues hustezki higieniczne
to: to England do Anglii
  to the station na stację
  to the doctor do doktora
toast *(bread)* grzanka
  (drink) toast
tobacco tytoń
today dzisiaj
together razem
toilet toaleta
toilet paper papier toaletowy
tomato pomidor
tomato juice sok pomidorowy
tomorrow jutro
tongue język
tonic tonik
tonight dziś wieczorem
too *(also)* także
  (excessive) za
tooth ząb
toothache ból zęba
toothbrush szczotka do zębów
toothpaste pasta do zębów
torch latarka
tour objazd
  (for tourists) wycieczka turystyczna
tourist turysta
tourist office biuro turystyczne
towel ręcznik
tower wieża
town miasto
town hall ratusz
toy zabawka
toy shop sklep z zabawkami
track suit dres
tractor traktor
tradition tradycja
traffic ruch drogowy

traffic jam korek
traffic lights światła drogowe
trailer naczepa
train pociąg
translate tłumaczyć
travel agency biuro podróży
traveller's cheque czek podróżny
tray taca
tree drzewo
trousers spodnie
try próbować
tunnel tunel
tweezers pinceta
typewriter maszyna do pisania
tyre opona

umbrella parasolka
uncle wuj
under pod
underpants kalesony
understand rozumieć
  I don't understand nie rozumiem
underwear bielizna
United Kingdom Zjednoczone
  Królestwo
university uniwersytet
unmarried *(man)* nie żonaty
  (woman) nie zamężna
until dopóki
unusual niezwykły
up do góry
  (upwards) w górę
urgent pilny
us: it's us to my
  it's for us to dla nas
  give it to us proszę nam to dać
use *(noun)* użytek
  (verb) używać
  it's no use nie ma co
useful użyteczny
usual zwykły
usually zwykle

vacancy (*room*) pokój do wynajęcia
vacuum cleaner odkurzacz
vacuum flask termos
valley dolina
valve wentyl
vanilla wanilia
vase waza
veal cielęcina
vegetable jarzyna
vegetarian (*person*) wegeterianin
vehicle pojazd
very bardzo
vest podkoszulka
video tape kaseta magnetowidowa
view widok
viewfinder vizjer
villa willa
village wioska
vinegar ocet
violin skrzypce
visa wiza
visit (*noun*) wizyta
    (*verb*) odwiedzić
visitor (*guest*) gość
    (*tourist*) turysta
Vistula Wisła
vitamin tablet witamina
vodka wódka
voice głos

wait czekać
waiter kelner
waiting room poczekalnia
waitress kelnerka
Wales Walia
walk (*noun: stroll*) spacer
    (*verb*) chodzić
    to go for a walk iść na spacer
wall (*outside*) mur
    (*indoors*) ściana
wallet portfel
war wojna

wardrobe szafa
warm ciepły
    it's warm jest ciepło
Warsaw Warszawa
was: I was (*man*) byłem
    (*woman*) byłam
    he was on był
    she was ona była
    it was ono było
washing powder proszek do
    prania
washing-up liquid płyn do
    zmywania naczyń
wasp osa
watch (*noun*) zegarek
    (*verb*) patrzyć
water woda
waterfall wodospad
wave (*noun*) fala
    (*verb*) machać
we my
weather pogoda
Web site strona internetowa
wedding ślub
week tydzień
welcome (*noun*) powitanie
    welcome! witajcie!
    (*singular, familiar*) witaj!
    you're welcome (*don't mention it*)
    proszę bardzo
wellingtons buty gumowe
Welsh walijski
Welshman Walijczyk
Welshwoman Walijka
were: we were (*men/women*)
    byliśmy/byłyśmy
    you were byliście
    (*singular, familiar: to a man/woman*)
    byłeś/byłaś
    they were (*men/women*) byli/były
west zachód
wet mokry
what? co?